EQUIPADO PARA SOBREVIVIR

PRINCIPIOS PARA UN HOMBRE DISPUESTO A VENCER LOS RETOS DE LA VIDA

DR. NANDO STEIDEL

HOMBRES DISCIPULADOS
WWW.HOMBRESDISCIPULADOS.COM

Tyndale House Publishers
Carol Stream, Illinois, EE. UU.

EQUIPADO PARA SOBREVIVIR

PRINCIPIOS PARA UN HOMBRE DISPUESTO A VENCER LOS RETOS DE LA VIDA

DR. NANDO STEIDEL

Visite Tyndale en Internet: TyndaleEspanol.com y BibliaNTV.com.

HombresDiscipulados.com.

Equipado para sobrevivir: Principios para un hombre dispuesto a vencer los retos de la vida

Originalmente publicado en el 2013 con ISBN 978-1-62136-417-7.

Diseño: Josué Mercado de JMV Designs (JMVDesigns.com) y Alberto C. Navata Jr.

Edición: Nahum Saez

Para información acerca de descuentos especiales para compras al por mayor, por favor contacte a Tyndale House Publishers a través de espanol@tyndale.com.

ISBN 978-8-4005-0594-2

Impreso en Estados Unidos de América
Printed in the United States of America

30 29 28 27 26 25 24
7 6 5 4 3 2 1

DEDICATORIA

A ti, mi Señor y Salvador Jesucristo: Sin ti, sería imposible sobrevivir. A mi fiel esposa, Jessi: Amor de mi vida, ¡gracias! Un porcentaje gigantesco de lo que soy hoy como hombre es gracias a ti. A mis hijos: Joshua Misael, Caleb Daniel y Jeriel David, este libro es un legado que quiero dejarles para que ilumine sus vidas y sobrevivan con mucha mayor excelencia que yo. Ustedes son mis superhéroes.

AGRADECIMIENTOS

A mi *Dream Team* de amigos que han sido los héroes que han ayudado a Dios a formar mi carácter de hombre discipulado para sobrevivir.

A mis pastores: Antonio Acosta, gracias por confiar en que Dios podía usarme aun cuando apenas era un niño. Freddy Figueroa, gracias por mostrarme tu ejemplo en mis años más complejos de formación: la adolescencia. Rey Matos, gracias por tu mentoría espiritual y por enseñarme cómo levantar una familia en el temor de Dios. Celso Pérez, alias Popín, gracias por ser mi amigo del alma, hermano mayor, mentor y por mostrarme la grandeza del discipulado. César Vázquez, gracias por enseñarme la importancia de guardar y cuidar la Palabra de Dios. Ferdy Padilla, gracias por tus consejos y apoyo en el ministerio. Alexis Rolón, gracias por ser un discípulo que vive lo que predica y por el pacto de amistad que permanece entre nosotros desde nuestra juventud universitaria. A los cinco pastores del equipo pastoral de la Catacumba de Cayey: Juanma Fronteras, gracias por siempre enseñarme con tu vida la importancia de que el centro del evangelio es la Cruz. José Soto, gracias por ser hijo en la fe, porque me recuerda cada día todo lo que Dios puede hacer cuando nos ponemos en sus manos. Abdiel Rivera, gracias por ser amigo en los momentos de dificultad y por cuidar de las ovejas con excelencia. Tito Vargas, tu sabiduría es un faro de luz que alumbra en todo tiempo. Rick Lipsett, gracias porque tu testimonio de conversión en Hombres Discipulados todavía pone una sonrisa en mi rostro.

A Josué y David Mercado, luego de una amistad de más de treinta años, gracias por tomar este proyecto como si fuera de ustedes. Josué *Bigman*, gracias porque es una bendición soñar contigo en cada invento. David, tu amistad sincera es un tesoro inigualable.

A Juan Carlos Matos, mi hermano y amigo, gracias por tus consejos y ejemplo de integridad. A Ricky Feliciano, tu amistad se ha transformado en hermandad profunda; gracias por otro proyecto juntos.

A mis padres, Sonia y Hernando Steidel, gracias por su cuidado y sus bendiciones en todo lo que hago. A mi hermana, Mary, gracias por tu amor incondicional. A mi hermano, Nandito, que la bendición de Dios sea sobre ti. A mi segunda mamá, Norma, gracias por tus detalles de amor y por tu cobertura en tantas áreas de mi vida familiar.

A toda la Iglesia Catacumba # 9 de Cayey, ser su pastor es un privilegio dado por Dios. A todos los hombres del Ministerio de Hombres Discipulados (HD) de nuestra iglesia, qué lujo tenerlos como amigos.

PROPÓSITO DEL LIBRO

"Lo que has oído de mí ante muchos testigos, esto encarga a hombres fieles que sean idóneos para enseñar también a otros".
2 Timoteo 2:2

Me apasiona mirar la vida como un proceso de diversas experiencias: tanto las que nos agradan y nos hacen crecer como las que nos desagradan pero también nos hacen progresar y madurar. Lo interesante es que ambos tipos de experiencias nos brindan la posibilidad de ampliar lo que llamo nuestro "equipo de supervivencia". Los famosos programas de supervivencia que se ven en la televisión nos muestran personas pasando condiciones muy difíciles en escenarios como bosques, desiertos o selvas inhóspitas. Sin embargo, con todo y eso tienen capacidad para sobrevivir. ¿Cómo? Gracias al equipo que llevan en sus mochilas. Es impresionante ver ese tipo de programas en los que se relata cómo un hombre puede estar rodeado de sogas, brújulas y linternas, entre otros implementos, y alcanzar la meta de sobrevivir.

Ahora bien, cada uno de los artículos que van en esa mochila de supervivencia tiene un propósito. Cada uno de ellos es cuidadosamente escogido para la aventura. Su tamaño, peso y utilidad son características indispensables para determinar qué dejamos en la mochila y qué desechamos. Esos momentos de aventura son clave para demostrar que el hombre puede, que tiene fuerza, que puede sobrevivir, que puede ser parte del mundo de los hombres realizados. Que es parte de algo más grande, más pesado, más complejo, más real, y busca demostrar que tiene lo que se necesita para ser un verdadero hombre.

Conocer el concepto de "sobrevivir" es necesario para establecer por qué necesitamos estar equipados. Según el Diccionario de la Real Academia Española, sobrevivir se refiere a "vivir [...] en condiciones adversas"[1]. Las condiciones adversas o contrarias son normales en la vida de cualquier hombre. Por esa razón, tienes ante ti un libro cuya intención es dirigirte en un viaje de supervivencia en la agitada aventura de tu vida como hombre.

Por otro lado, todo equipo necesita un manual de instrucciones para su utilización que incluya los principios que armonicen cada artículo que se añada en nuestra travesía. Es decir, para lograr la meta de sobrevivir a la aventura de la vida, necesitamos principios que nos equipen para asumir el rol del verdadero hombre que Dios diseñó para nosotros.

Todo niño en las etapas tempranas de su existencia quiere demostrar que es un hombre verdadero. Para algunos esa etapa fue exitosa y satisfactoria, pero para otros pudo tornarse oscura y difícil. Hay los que querían genuinamente saber si podían sobrevivir los obstáculos que tuvieron en su vida y lo lograron; otros, lamentablemente, se frustraron por no poder cumplir con las expectativas.

El interés de escribir este libro nace precisamente de esa ilustración. A menudo he estado en ambos lados del espectro, tanto en los momentos de logro y satisfacción como en los de fracaso y frustración. Como hombre, he aprendido que los principios son indispensables para poder sobrellevar las experiencias de la vida, aprender de ellas y saber cómo utilizar cada herramienta de supervivencia conforme al propósito con el que fue diseñada.

Este libro es una recopilación de algunos de los principios espirituales que se han convertido en mi equipo personal de supervivencia. Es mi mayor anhelo y oración a Dios que puedas utilizarlos para enriquecer tu vida. El equipo de supervivencia de esta recopilación tiene como fundamento principal la Palabra de Dios, inspirada por su Espíritu Santo y escrita en las páginas de la Biblia. En segundo lugar, los principios que me han regalado las ilustraciones de la vida de hombres llenos del carácter y el corazón de Dios, quienes han marcado mi vida con su ejemplo, sus consejos y sus enseñanzas.

Por último, principios personales aprendidos en la intimidad de mi hogar con mi esposa y mis tres amorosos hijos, los que definitivamente han marcado mi vida hasta lo más profundo de mi ser. Así que te encomiendo estos principios a ti, hombre, para que seas fiel e idóneo para enseñarlos a otros e impactar a las futuras generaciones.

Una palabra final...

Hace diez años escribí las primeras páginas de este libro y jamás pensé en todos los hombres que serían impactados por estas letras. Confieso que al principio tenía dudas de si realmente debía invertir mi tiempo y esfuerzo en escribir, porque no me sentía capaz y tampoco era una disciplina que había practicado en mi vida. Un hombre de Dios y mi amigo, José Luis Navajo, me dijo: "Debes escribir. Muy poca gente decide escribir y es bueno que los hombres tengan un libro de referencia para sus vidas".

Hoy, luego de todo este tiempo y de ver a muchos hombres en Puerto Rico y en diversos países testificarme sobre la bendición y la edificación que fueron las páginas de este libro, solamente puedo decir que fue la fidelidad de Dios que me mostró el camino para vivir en su fidelidad. Ver iglesias que han diseñado espacios de edificación para hombres, iglesias y grupos de hombres que han utilizado los principios de este libro para compartir unos con otros, ha sido una sorpresa impresionante. Dios ha sido bueno y fiel; llevo veinticuatro años de matrimonio con mi esposa, Jessica, una mujer fiel a Dios y amorosa, tengo la bendición de ver a mis tres hijos Joshua (veintidós años), Caleb (diecinueve años) y Jeriel (dieciséis años) anhelando vivir en fidelidad, sirviendo a Dios con sus talentos y creciendo cada día en el conocimiento de Dios, y eso me llena de gozo. Una iglesia hermosa que siempre nos ha respaldado (Catacumba #9 de Cayey) durante los pasados veintitrés años. Un equipo de Hombres Discipulados fiel a Dios, con el que cumplimos once años de capacitaciones en todo Puerto Rico. A mi lado, amigos del alma que persiguen la fidelidad a Dios, que me edifican año tras año, y nuevos hermanos que están imitando la fe de su equipo de amigos. Todo esto ha sido definitivamente la fidelidad de Dios para conmigo, mostrándose y siendo evidente en mi vida. Nunca soñé vivir lo que he vivido. Vivo un sueño mejor: **Estoy viviendo el sueño de Dios para mi vida.** Por eso te invito a que reconozcas a Dios en todos tus caminos para que puedas disfrutar de su Fidelidad Eterna.

Tu hermano en Cristo,
Nando Steidel
24 de noviembre del 2023
Cayey, Puerto Rico

CONTENIDO

PRINCIPIO 1
AUTENTICIDAD

EQUIPADO PARA SOBREVIVIR

¡Para sobrevivir a la aventura necesitas ser auténtico! **Juan 1:47**

PRINCIPIO 1:

AUTENTICIDAD

EL HOMBRE AUTÉNTICO

¡PARA SOBREVIVIR A LA AVENTURA NECESITAS SER AUTÉNTICO!

"Mientras ellos se acercaban, Jesús dijo: 'Aquí viene un verdadero hijo de Israel, un hombre totalmente íntegro'".
Juan 1:47, *NTV*

Cuando decimos que la autenticidad de algo es cuestionable, ¿a qué nos referimos? En mi investigación y a través de diversas fuentes, encuentro que se llama auténtico a una certificación con la cual se testifica acerca de la identidad y la verdad de algo. Algo auténtico es una "copia autorizada de alguna orden"[1]. Por el contrario, apariencia se define como "cosa que parece y no es"[2]. Esta última se utiliza comúnmente en el teatro para establecer cómo deben representar los actores al personaje que encarnan.

Aparentar lo que no somos es una tentación permanente en nuestras vidas. Aparentamos con respecto a muchas cosas. Por ejemplo, aparentamos tener más conocimiento sobre mecánica de autos que el propio técnico que lo arregla, pues creemos que eso nos ayudará a que la reparación del vehículo sea menos costosa. En ocasiones, nos jactamos que sabemos más de deportes que los analistas y que nuestro equipo siempre será el mejor, pero en múltiples instancias la realidad es muy diferente.

Pienso que los hombres aparentamos en muchos aspectos porque tenemos temor a reconocer nuestras debilidades. Nos sentimos, en ocasiones, perdidos en cuanto a nuestras decisiones; por eso aparentamos: para mostrar que sabemos el rumbo aunque estemos perdidos. Algo muy común con los hombres es lo siguiente. Dime si alguna vez te ha ocurrido que, para llegar a un lugar desconocido en tu automóvil —y por no preguntarle a alguien, mirar el mapa o consultar el dispositivo de localización global (GPS)—, ¡has tardado más tiempo que el normal en llegar a tu destino!

O quizás hayas tardado mucho en armar un artículo que compraste por no tomarte la molestia de leer las instrucciones, aparentando saber cómo hacerlo. Aparentamos cuando sentimos que no vamos a compensar o cumplir con un estándar. Eso mismo nos ocurre cuando aparentamos que somos los mejores cristianos, cuando tratamos de demostrar que tenemos el mejor carácter y que cumplimos con las expectativas de Dios con nosotros.

Lamentablemente, aquellos que son llamados por Dios a vivir con los más altos niveles de autenticidad a menudo tienen una doble vida y aparentan que tienen una existencia cristiana impecable. Cuando no somos ni genuinos ni auténticos, tenemos vergüenza de que conozcan lo que verdaderamente somos y nos hundimos en un mundo de impostores. Es por eso que necesitamos, antes de comenzar nuestra aventura de supervivencia, analizar la profundidad de nuestra autenticidad.

Para la década de los noventa, la proyección de la televisión se fundamentó en un nuevo descubrimiento: los programas de telerrealidad, en los que se presentan personas no conocidas y se convierten en ídolos de la audiencia. Esos programas han evolucionado tanto en los últimos años que abarcan una variada gama de actividades y personajes: individuos con talento musical; hombres que se destacan en algún oficio, como en la actuación; artistas de momentos pasados; personas de casi cualquier posición social que, por supuesto, se vuelven famosos de la noche a la mañana como efecto de haber participado en tales programas.

En esos programas, muestran sus "realidades", desde cómo viven y cómo se comportan unos con otros hasta cuál es la realidad que viven diariamente en sus relaciones con los demás.

Esta forma de ver la realidad de la vida ha desencadenado una avalancha de programas de ese tipo. Casi todas las cadenas televisivas más importantes del mundo han tenido al menos un programa de telerrealidad. Desde competencias de supervivencia hasta cámaras en una casa en la que viven por algún tiempo. El objetivo es que las personas descubran lo peor o lo mejor de cada una de ellas.

Hace algún tiempo, me interesó uno de esos programas, *The Joe Schmo Show*. Ese espectáculo rompió algunos esquemas que llamaron mi atención. Joe era un hombre normal que acudió a una audición para participar en un programa de telerrealidad. Con mucha emoción, recibió la noticia de que había sido aceptado en un programa llamado *Lap of Luxury* con un premio en efectivo de un millón de dólares si lograba permanecer en la casa hasta el final.

En pocas semanas, Joe se encontró en una casa con decenas de cámaras vigilando cada detalle y cada expresión. Todo estaba preparado para un nuevo programa y Joe estaba emocionado con sus nuevos amigos en aquella casa. Sin embargo, lo que no sabía era que aquello fue planeado para que él creyera que todo era cierto y que sus compañeros de casa eran todos actores profesionales que tenían la misión de hacerle creer que todo era real. Las competencias eran absurdas, las discusiones no tenían sentido, todo estaba planeado para que Joe perdiera el temple y explotara, pero algo sucedió que los productores del programa no esperaban. Este Joe era tan buen hombre, tan auténtico, que se ganó el respeto de todos los demás debido a su sensibilidad, desprendimiento, amor y por la defensa de sus compañeros.

En los momentos en los que se esperaba que Joe sacara lo peor de sí, con tal de ganarse el millón de dólares, estuvo dispuesto hasta a felicitar a otros y a regalarles cosas. Aunque se esperaban ciertas reacciones, Joe hacía todo lo opuesto. Esperaban que surgiera la envidia en él, pero lo que veían era que se alegraba por la felicidad de sus compañeros. Cuando esperaban que mintiera, él los confrontaba con la verdad. Para el momento culminante del programa, la persona que peor se comportó con Joe y que, a todas luces no merecía el millón de dólares, fue anunciado como el ganador de la competencia.

Joe fue capaz de felicitarlo y honrarlo por su logro. Sin embargo, faltaba una última reacción: ¿cómo respondería Joe al enterarse de que todo aquello era una farsa? Él creía que tenía nuevos amigos entrañables, pero en realidad no lo eran. Eran actores. Cuando le dijeron la verdad, Joe se descompuso. Comenzó a llorar, se volteó hacia el que había jugado el papel del mejor amigo, a quien tenía en la casa estudio, y le preguntó con incredulidad: "Tú no eres actor, ¿verdad?". Cuando la respuesta fue que sí, la reacción de Joe fue llorar sin parar. Obviamente, todos, con caras de arrepentimiento, comenzaron a llorar con él y a pedirle perdón.

Joe se sintió como un tonto, torpe y engañado, pero todos en la producción comenzaron a aplaudirlo, confesándole que les había enseñado muchas lecciones que jamás se habrían imaginado. Para su sorpresa, aunque era un programa de telerrealidad, él había sido el único real. El nombre de este Joe real es Matt Kennedy y fue su autenticidad lo que confrontó la vida de todos sus compañeros.

Toda esta gran ola de supuesto realismo televisivo nos demuestra que, en lo más profundo del corazón de nuestra sociedad, existe un anhelo por conocer la realidad, la verdad, la vida tal cual se vive. La apariencia que nos caracteriza en este tiempo ha provocado que la gente comience a buscar qué cosas son reales. Antes se valoraba al artista por el talento que exhibía; ahora queremos ver cómo vive, dónde, cuáles son sus problemas, cuál es su realidad.

Claro que muchos han aprovechado esto para exagerar, llevándolo a la locura y al desenfreno; es decir, han exacerbado esta ola para sacar ventaja publicitaria. La verdad es algo que todos queremos conocer. La realidad estimula nuestra curiosidad. Esta generación está buscando nuevos héroes que expongan la realidad, y la televisión se los proporciona a través de personas que hacen de estos programas el mejor escenario para obtener sus minutos de fama.

Nuestro reto como generación definitivamente se fundamenta en cuán reales, auténticos y genuinos podamos ser. Por otro lado, ¡cómo ha permeado este asunto al pueblo de Dios! Es más, ¡cuánta apariencia ha corrompido a muchos que se llaman representantes del Dios de la realidad y la verdad! La iglesia de Cristo ha perdido credibilidad en este tiempo debido a la apariencia de piedad —apariencia de vida sagrada—, a la religiosidad y a las experiencias emotivas que no producen fruto, sino momentos de espiritualidad superficial.

Sé que esto no suena simpático, que no es agradable leer sobre nuestra realidad palpable. La iglesia se ve como gente que dice una cosa y hace otra, gente que no vive lo que enseña, hermanos que viven como enemigos y experiencias que no provocan frutos. Jesús dijo: *"Así es, de la misma manera que puedes identificar un árbol por su fruto, puedes identificar a la gente por sus acciones. No todo el que me llama: '¡Señor, Señor!' entrará en el reino del cielo. Solo entrarán aquellos que verdaderamente hacen la voluntad de mi Padre que está en el cielo" (Mateo 7:20-21, NTV).*

Los frutos son los que determinan nuzzzzzzzzzzzzzzzzzzestro nombre. El fruto tiene unas características interesantes. El fruto no es algo que se esfuerza. Nunca has visto a un árbol gritando o pujando un fruto. Este viene como resultado de un balance y un proceso bien coordinado que establece que el fruto será el principal responsable de llevar la herencia. Gracias a ese fruto, se multiplicará ese árbol. Los frutos son elementos de reproducción natural. Por lo tanto, ¿qué frutos estamos dando como hombres? Nuestra herencia para las futuras generaciones está frente a nosotros hoy.

David no pudo construir el templo, pero seleccionó los materiales y los dejó en herencia para que su hijo Salomón lo construyera. Nehemías construyó un muro como legado para las futuras generaciones. José administró todo un reino para preservar futuras generaciones con la herencia de un hombre fiel. Ester decidió hablar y defender a su pueblo, con lo que preservó la vida de una nación y sus generaciones. Josías rescató el libro de la ley y estableció reformas que impactaron a su generación y marcaron una nueva herencia.

Gedeón creyó y salvó a todo un pueblo con solamente trescientos hombres frente a un ejército de miles. Pablo impactó a todo el mundo conocido con un equipo de trabajo y una disposición que lo llevó hasta hablarle cara a cara al César, soberano del Imperio romano, y marcó una herencia de discipulado para todas las generaciones. Pedro nos brindó todo aquello con lo que como pescador hizo en las manos de un carpintero y que impactó a su generación. Daniel sobrevivió a tres emperadores, dejándonos el ejemplo con el que impactó a todas las generaciones subsiguientes: la herencia de su integridad.

Estos héroes, mis héroes, fueron capaces de trasformar al mundo con la trasformación con la que fueron transformados. Algunos no fueron comprendidos, otros fueron olvidados y otros fueron muy estudiados, pero pocos fueron aplicados a la realidad que nos ha tocado vivir.

Es por esa razón que entiendo la necesidad de levantar hombres reales y auténticos que no tengan temor de reconocer sus debilidades y sus luchas. Hombres que necesitan la transformación y la intervención de Dios. Es por eso que ser auténtico tiene que ver directamente con la verdad. Por ello, Jesús, cuando vio a Natanael, le dijo que era alguien en quien no había engaño.

La pregunta central es: ¿Qué piensa Jesús de ti? ¿Habrá engaño en ti? Muchas veces, no nos damos cuenta de que la mentira se convierte en la forma de vida más común que experimentamos.

¿Hasta qué punto nos lleva la apariencia? ¿Acaso nos conduce hacia una cultura de mentiras?

El Salmo 51:6 dice: *"He aquí, tú amas la verdad en lo íntimo, y en lo secreto me has hecho comprender sabiduría".* Este salmo es uno de mis favoritos porque muestra la más sorprendente y difícil realidad del rey David. Lo escribió luego de haber pecado y adulterado con Betsabé. Permíteme explicarte en detalle este suceso.

Nos relata Samuel, capítulo 11, que —en el tiempo en que los reyes salían a la guerra— David prefirió quedarse en su palacio. Esto nos enseña que a veces nos metemos en problemas porque estamos en un lugar y nos corresponde estar en otro. David vio a Betsabé bañándose. Como estaba ocioso en el palacio, la mandó a llamar y estuvo íntimamente con ella. Betsabé era la esposa de Urías, uno de los treinta valientes de David. Estos valientes eran amigos cercanos de David. Habían sido fieles guerreros de su ejército desde que estuvieron en la cueva de Adulam y habían experimentado muchas victorias junto a David. Algunos de esos valientes habían arriesgado sus vidas por complacer a su rey. Eran hombres que estaban dispuestos a todo por el monarca. De modo que David pecó contra Dios y contra su amigo al adulterar con Betsabé, la esposa de Urías.

El resultado de ese adulterio fue que Betsabé quedó embarazada y David, para aparentar y encubrir su pecado, ordenó que llamaran a Urías para que estuviera con su esposa. Como valiente que era, Urías prefirió quedarse a la puerta del palacio antes que tener un tiempo de intimidad con su esposa. No contento con aquello, David lo embriagó; pero ni así logró que tuviera relaciones con su esposa. La responsabilidad de Urías como soldado era insoslayable. Por eso, para poder sostener aquella farsa, David pensó en una solución terrible: Urías debía morir.

Así que utilizó la estrategia de la conspiración, mediante la cual Urías sería asesinado por el enemigo en la batalla. Envió una nota con el mismo Urías en la que ordenaba que el ejército se acercara al muro del enemigo (algo que David había prohibido en todas sus batallas) y que dejaran a Urías solo, de modo que muriera en el ataque del contrario. Eso implicó la muerte de otros soldados, pero se logró el propósito del rey: que Urías muriera.

El plan diseñado por David se cumplió a cabalidad. Tomó a Betsabé como esposa —tras la muerte de Urías—, aparentando que era misericordioso; adoptó al supuesto hijo de Urías como si fuese suyo, con lo que culminaría siendo el benefactor de la pobre viuda. El plan era impecable. David quedaba frente al pueblo como un rey tan maravilloso que hasta tomaría por esposa a la viuda de uno de sus mejores amigos.

Un final de película. David creyó que era lo ideal. Sin embargo, Lucas 12:2 nos enseña: *"Llegará el tiempo en que todo lo que está encubierto será revelado y todo lo secreto se dará a conocer a todos" (NTV).* Así que Dios confrontó a David por medio de Natán y aquel decidió confesar su pecado ante Dios. El Salmo 51 es esa confesión. Con ello declaró su profundo arrepentimiento por haberse rebelado y pecado contra Dios.

Ahora bien, ¿por qué toda esta historia de David? Te pregunto: ¿cómo conoceríamos los detalles tan profundos de esta historia si David mismo no nos la hubiera contado? Sinceramente, entiendo que sería muy difícil recopilar cada uno de los detalles de la historia de la caída de David sin su intervención directa.

Estoy convencido de que él procuró relatar, paso por paso, su pecado con el fin de ser totalmente genuino y transparente.

Luego de vivir aparentando tanto, decidió arrepentirse realmente y declarar lo que había hecho. Por eso escribió: *"Tú amas la verdad en lo íntimo"*. Dios anhela que seamos verdaderos en nuestra intimidad con él, aunque nadie nos vea. Que no nos engañemos a nosotros mismos, como dice Gálatas 6:7, porque Dios no puede ser burlado; lo que sembremos, eso cosecharemos. Levantarse con un corazón genuino tiene un costo que pocos quieren pagar.

La transformación por parte de Dios es un proceso continuo que requiere de una total transparencia. Es necesario asumir la actitud auténtica de un superviviente. Por eso David escribió en el Salmo 32:3: *"Mientras me negué a confesar mi pecado, mi cuerpo se consumió, y gemía todo el día" (NTV)*. La esencia de este principio es esta: si decides vivir aparentando y encubriendo —con una doble vida— tu pecado, no podrás seguir creciendo en tu vida espiritual.

He visto hombres que han conocido a Dios, cuyos pecados ocultos los han desenfocado de su realidad espiritual. El pecado oculto tiene mucho poder porque está encubierto, en la oscuridad y, en esta, las cadenas pesan demasiado. Por eso David entendió la importancia de ser transparente y de permitir que todo el mundo conociera lo gráfico y cruel de su pecado. Dios actúa en nuestra debilidad, según lo expresa Pablo en la Segunda Carta a los Corintios, capítulo 12:9: *"Y me ha dicho: Bástate mi gracia; porque mi poder se perfecciona en la debilidad"*. El poder de Dios se perfecciona en nosotros cuando somos capaces de reconocer nuestra debilidad y nuestra necesidad de él.

Es tiempo de ser libres de toda máscara que oculte nuestra realidad y creer que la fortaleza de Dios nos dirige a una vida con autenticidad. Es tiempo de despojarnos de todo peso y del pecado que nos asedia, de correr con paciencia la carrera que tenemos por delante, puestos los ojos en Jesús, el autor y consumador de la fe: *"Quitémonos todo peso que nos impida correr, especialmente el pecado que tan fácilmente nos hace tropezar. Y corramos con perseverancia la carrera que Dios nos ha puesto por delante. Esto lo hacemos al fijar la mirada en Jesús, el campeón que inicia y perfecciona nuestra fe" (Hebreos 12:1-2, NTV)*. No alimentes más tus pecados ocultos. Alimenta tu vida espiritual con transparencia y autenticidad.

Como pastor que trata con este asunto a menudo, puedo decir que una de las áreas más complejas para poder ayudar a un hombre en necesidad es la de su voluntad; es decir, que esté dispuesto a recibir ayuda. Algo sorprendente en cuanto a Jesús es que en innumerables ocasiones en los evangelios se acercó a las personas enfermas y les preguntó: "¿Quieres ser sanado?". Para la mayoría, esta pregunta parece insensata porque su respuesta sería obvia. Pero sabemos que Jesús no lanzó la pregunta al vacío. Lo que quería era ver si las personas realmente estaban dispuestas a someterse a un proceso completo de sanidad. Cuando somos transparentes, Dios nos pregunta: "¿Realmente quieres ser auténtico? ¿Estás dispuesto a renunciar a tu orgullo, a tu fuerza e inteligencia humana y seguir mis enseñanzas?".

Al plantearte estas preguntas, surge la necesidad de hablarte de uno de mis personajes favoritos de la Biblia. Es más, no puedo terminar este capítulo acerca de la autenticidad sin hablarte de un hombre que me enseñó que, al lado de Jesús, lo más que podemos hacer para que él nos mire con amor es ser genuinos.

Quiero hablarte de Pedro. El apóstol que demostró con su vida que no necesitamos ser perfectos para que Dios nos use para su gloria.

A Pedro siempre lo vemos desde la perspectiva del apóstol, pero quiero tener la libertad de hablarte de él como el discípulo que más errores cometió en su caminar con Jesús. Solo tres episodios bastan para convencerte de ello. Pedro era el discípulo que, por lo general, tenía una contestación y un argumento para todo. Por ejemplo, en la Transfiguración, le dijo a Jesús que hicieran tres enramadas, una para Moisés, otra para Elías y otra para Jesús.

Lucas relata que cuando Pedro dijo eso, no sabía lo que estaba diciendo. En Marcos 8:29-33, el evangelista nos relata que luego de haber dicho que Jesús era el Cristo, Pedro comenzó a reprender a Jesús para que no dijera que iba a morir. En un solo instante, cambió de ser un bienaventurado —por lo que había dicho— para convertirse en uno que ponía tropiezo a Jesús.

En los versículos 32-33 del capítulo 8, Jesús lo miró y le dijo: *"Mientras hablaba abiertamente de eso con sus discípulos, Pedro lo llevó aparte y empezó a reprenderlo por decir semejantes cosas. Jesús se dio la vuelta, miró a sus discípulos y reprendió a Pedro: '¡Aléjate de mí, Satanás!* —dijo—. *Ves las cosas solamente desde el punto de vista humano, no del punto de vista de Dios'" (NTV).* Estableciendo que aun cuando dijera algo con mucha sabiduría, podía cometer un error tan grave como dejarse usar por Satanás. Como último ejemplo, Pedro le dijo a Jesús —con mucha autoridad— que jamás lo negaría. Llegó a asegurarle que no lo abandonaría nunca, aunque los demás discípulos lo hicieran. Pero conocemos la historia. Pedro lo negó en tres ocasiones.

Lo que me fascina de nuestro Dios es que, a pesar de que Pedro actuó incorrectamente en varias ocasiones, Jesús sabía que todo eso era parte de un proceso de discipulado y crecimiento. Lo relevante es que Pedro fue genuino. Por eso todos conocemos sus errores. Nunca los ocultó. La intención del corazón de Pedro era ser como Jesús. Pero para eso necesitaba exponer lo que él era con transparencia.

Jesús vio su corazón y lo escogió para que dirigiera el comienzo de la iglesia. Dios anhela hombres a los que les interese más qué piensa él de ellos que lo que piense la gente. Hombres que estén dispuestos a reconocer sus debilidades, sus tropiezos, sus fracasos y sus luchas con el único interés de parecerse cada día más al diseño de Dios. Pedro nos enseña que ser genuinos es el camino directo hacia una vida que cumple el propósito de Dios.

Cuando reconocemos nuestras limitaciones, y somos transparentes, glorificamos a Dios porque sabemos que lo que podemos hacer para él no depende de nuestras capacidades, sino de su gracia y su favor, los cuales nos capacitan para poder realizar su obra. La iglesia necesita nuevos ejemplos de hombres íntegros y verdaderos que muestren con su vida la realidad del evangelio de Cristo.

Mi mayor observación como cristiano, y pastor, es que en el mundo en el que vivimos existe una apatía profunda hacia la iglesia. Esa apatía proviene de estar convencidos de que solo es cuestión de tiempo para que la gente que dice ser cristiana —nosotros, los discípulos de Jesús— se destape y deje ver su verdadera realidad.

Yo, por ejemplo, vengo de un hogar en el que no se creía que lo que la gente vivía en el evangelio era real. Por eso, cuando un joven me habló de Jesús por primera vez, no le creí absolutamente nada. Para mí, el evangelio era una total mentira que la gente se creía para sentirse bien consigo misma por un tiempo. A mis trece años, pensaba que Dios no era real y que la gente fingía que un poder sobrenatural los podía ayudar. Cuando conocí a Jesús y fui impactado por su poder, mi vida cambió para siempre y es por esa razón que tengo un profundo llamado de Dios para mostrarles a todos que el evangelio es real.

Ahora bien, los que conforman la realidad de este evangelio son los que viven el evangelio con sinceridad, libre de apariencia y con un enfoque balanceado del mismo. Entendiendo que Jesús perfeccionará la obra que ha comenzado en nosotros: *"Y estoy seguro de que Dios, quien comenzó la buena obra en ustedes, la continuará hasta que quede completamente terminada el día que Cristo Jesús vuelva" (Filipenses 1:6, NTV).* Su obra es constante en nosotros, por lo que no debemos proyectarnos como gente perfecta que no tiene luchas y caídas. Somos hombres que anhelamos seguir creciendo en su gracia, y su Espíritu Santo nos da la fortaleza para vencer y para parecernos cada vez más a Jesús.

En una ocasión, al escultor Miguel Ángel le preguntaron cuál era su secreto para tomar un pedazo de roca y convertirlo en la imagen de un grandioso león. Miguel Ángel contestó: "Simple, le quitas a la roca todo lo que no se parece al grandioso león". ¿Es posible que Dios ayude al hombre a vivir según su diseño eterno, libre de apariencias y con un corazón genuino? ¿Cómo lo haría? Dios contesta: "Es simple. Le quitaré a ese hombre todo lo que no se parece a mí".

Es tiempo de permitirle a Dios que obre en nuestras vidas, con los que tienen corazones sinceros que confirman la realidad del evangelio. Hoy, veinticuatro años después de haber tomado la decisión de seguir a Cristo, tengo la bendición de haber vencido muchas luchas en el camino. Aunque parezca increíble, tengo muchas que llevan conmigo más de veinticuatro años y otras nuevas que se han añadido. Sin embargo, necesito rendirlas todas ante la cruz de Cristo cada día. Mi clamor es que podamos seguir santificándonos en su amor a pesar de nuestras debilidades. Por eso, hago mía la expresión del profeta Joel: *"Diga el débil: Fuerte soy" (Joel 3:10).*

REFLEXIONA

1. ¿Cuáles áreas de mi vida necesitan ser libres de la apariencia?

2. Necesito ser auténtico para lograr ____________________.

3. Mis debilidades principales son ____________________.

PRINCIPIO 2
NO ESTAR SOLO

EQUIPADO PARA SOBREVIVIR

*La **brújula** es necesaria para que la aventura de la vida tenga dirección. **Génesis 2:18***

PRINCIPIO 2:

NO ESTAR SOLO

LA BRÚJULA

LA BRÚJULA ES NECESARIA PARA QUE LA AVENTURA DE LA VIDA TENGA DIRECCIÓN.

"Después, el Señor Dios dijo: 'No es bueno que el hombre esté solo. Haré una ayuda ideal para él'.
Génesis 2:18, *NTV*

Antes de comenzar nuestra aventura como hombres auténticos y preparar nuestra mochila, debemos considerar que necesitamos que tenga la marca de Dios. Todas las herramientas de nuestra mochila deben ser marcadas por el diseño de Dios para nuestra hombría. Por eso debemos prestar mucha atención a lo que Jesús les dijo a sus discípulos:

Permanezcan en mí, y yo permaneceré en ustedes. Pues una rama no puede producir fruto si la cortan de la vid, y ustedes tampoco pueden ser fructíferos a menos que permanezcan en mí. Ciertamente, yo soy la vid; ustedes son las ramas. Los que permanecen en mí y yo en ellos producirán mucho fruto porque, separados de mí, no pueden hacer nada.
Juan 15:4-5, *NTV*

También dijo:

Así que, por sus frutos los conoceréis.

Mateo 7:20

Ahora bien, el primer artículo que necesitamos en nuestra mochila de supervivencia es la brújula. Es imposible conocer el camino si no tenemos una dirección definida y un punto de referencia que nos muestren los pasos que debemos dar.

Algunos varones tratan con todas sus fuerzas demostrar que son hombres y retroceden ante todo lo que amenace con descubrir que no lo son. No nos gusta hablar de temas profundos y nos incomoda cuando se habla sobre temas emocionales y difíciles de digerir. Las conversaciones que nos hacen sentir cómodos tienen que ver con deportes, películas y entretenimiento o lo que no importe en cuanto a algún sentimiento, debilidad o frustración. Nos fascinan los temas superficiales, con principio y fin, prácticos y pragmáticos, para poder asumir una posición bien argumentada y finalizar con alguna victoria el diálogo.

Puedo decirte que no creo que todo eso sea culpa nuestra como hombres. En parte, pienso que nos enseñaron o nos modelaron que actuáramos así. Lo digo por experiencia. Por ejemplo, en mi familia, era más fácil que uno de los hombres contara un chiste sobre sexo en vez de tratar el tema seriamente. Es más fácil hablar sobre alguna mujer y sus atributos físicos que acerca de cómo lidiar con algún asunto de cierta profundidad. Fue en esos procesos familiares, con hombres de mayor edad, que aprendí el mito de que es mejor permanecer callado que hablar y mostrar lo que realmente pensamos. Puedo decir que aprendí, incorrectamente, que tener dudas era señal de debilidad, lo cual hizo que viviera ignorando las dudas y quedándome callado.

Con los años, las dudas crecieron, las preguntas aumentaron y las respuestas no llegaron. Las preguntas tenían contestación, pero nuestros padres no cuestionaron sus dudas; crecieron con ellas. Nuestros abuelos tampoco cuestionaron sus dudas, y estas se perpetuaron por generaciones. Es más, creyeron el mito de que cuestionar la duda era señal de debilidad.

COMO RAMBO...

Las películas famosas en mi tiempo de crianza me enseñaron que mostrar debilidad implicaba que mi hombría estaba en entredicho. ¿Recuerdas a *First Blood*, la película de Rambo que representaba al hombre de los años ochenta? Tuvo un éxito sin precedentes y se convirtió en un parámetro de hombría verdadera: un ejemplo de un hombre invencible, inteligente, implacable, vengador y, sobre todo, capaz de vencer a todo el mundo sin ayuda alguna. Sylvester Stallone nunca ha sido habilidoso en su expresión oral, pero como protagonista no tenía ningún inconveniente ya que Rambo no hablaba, sino actuaba.

¿Nunca te has preguntado qué habría sucedido si Rambo hubiese hablado y le hubiera explicado su rango militar a la policía para que buscaran al general que conocía los problemas que él tenía con el hecho de socializar y que eran consecuencia de sus experiencias en la guerra? La película obviamente habría durado solo quince minutos y no hubiera tenido la fama que desencadenó tres películas más.

Rambo no necesitaba ayuda. Todo estaba en su gran cuchillo, el arma que todo aquel que veía la película quería tener. Tenía de todo. Servía para afrontar cualquier situación. En una de las escenas más impresionantes, John Rambo se lanza por un precipicio y cae sobre unos árboles. Ese es el momento en el que abre su cuchillo y tiene un kit de primeros auxilios con todo y aguja para coser la piel. ¡Increíble! Él mismo se cura la herida y sigue sin mirar atrás.

Durante toda la película, Rambo manifiesta una sola expresión —la venganza— y una sola misión: tomar la justicia en sus manos. No se amedrenta y sigue adelante a pesar de las circunstancias. Lucha contra el mundo y lo vence fácilmente como todo un "hombre". Rambo y su arma M-16, su cinta roja en la cabeza y sus botas bien ajustadas eran la señal de que nadie lo detendría en su propósito. Eso influyó en los hombres del mundo que crecían en esa época. Jugar a la guerra cobró otro significado. Todos queríamos ser como Rambo. Enfrentarse uno contra muchos no era una desventaja, sino ser Rambo.

Visualizar toda esa historia y esas memorias nos confirma que el mito de Rambo sigue vigente en muchos hombres, pequeños rambos que han sido afectados por las falsas definiciones de hombría. Hombres que creyeron que su masculinidad dependía de imitar a Rambo: solo, callado, vengativo, violento y sin necesidades que suplir. Hombres que emprendieron su proyecto de vida interpretando sus heridas como debilidades que no podían mostrar. Hombres que tienen dudas sin resolver porque interpretan su identidad según sus vivencias, antecedentes y circunstancias.

Por eso es que, en muchas ocasiones, vemos hombres como Rambo, enfrentándose a la vida sin ayuda de nadie porque han creído que recibir ayuda los hace menos varones. Han entendido que el mundo vive en contra de ellos, por lo que la rebeldía se constituye en su lenguaje de comunicación para que los tomen en serio o hasta para que los vean, los escuchen y los admiren. Funcionan con un cuchillo interno que creen que tiene de todo, hasta lo necesario para curar sus heridas solos. Perciben erróneamente que así son invencibles y conquistarán lo que sea. Sin embargo, me interesa brindarte un camino totalmente diferente porque los modelos basados en Rambo, por lo general, han fracasado.

Yo también actué como Rambo, pero descubrí que necesitaba una nueva visión de la hombría. Entendí que necesitaba herramientas diferentes para añadir a mi mochila de supervivencia y la intervención de otros hombres que edificaran mi vida con sus experiencias y consejos fundamentados en la Palabra de Dios.

Es por eso que la brújula representa el primer principio que debemos meter a la mochila. Esta nos muestra la dirección y los puntos de referencia para triunfar en nuestra aventura. Implica comprender que no debemos vivir, andar ni tomar decisiones solos. Dios estableció, desde Génesis, una máxima espiritual: *"No es bueno que el hombre esté solo" (Génesis 2:18, NTV).* Este es un principio que debe ser aplicable a todas nuestras vidas. El verdadero hombre recibe ayuda primeramente de Dios y luego de otros, reconociendo que esas relaciones profundas le permitirán vivir con sabiduría. Cuando entendemos la importancia de no andar como llaneros solitarios por la vida, aseguramos un proceso de crecimiento y madurez para afrontar las circunstancias complejas de nuestra formación como hombres.

Veamos de nuevo lo que afirma Jesús:

> *Permanezcan en mí, y yo permaneceré en ustedes. Pues una rama no puede producir fruto si la cortan de la vid, y ustedes tampoco pueden ser fructíferos a menos que permanezcan*

en mí. Ciertamente, yo soy la vid; ustedes son las ramas. Los que permanecen en mí y yo en ellos producirán mucho fruto porque, separados de mí, no pueden hacer nada.
Juan 15:4-5, *NTV*

El principio es simple: si no estamos mirando fijamente la brújula de Dios —su Palabra y su vida—, jamás podremos cumplir con las expectativas del diseño divino para nosotros como hombres, ni tener la posibilidad de alcanzar los principios subsiguientes. Por eso Jesús estableció que no podemos llevar fruto si no permanecemos en él (Juan 15:4-5). Magistralmente, el Señor nos muestra el ejemplo de la vid y los pámpanos; es imposible que se dé fruto en el vacío. ¿Acaso se obtiene una naranja de la nada sin que haya un naranjo que la produzca? Es decir, el que permanece en Jesús y Jesús en él, este es el que lleva frutos porque, separada del árbol principal, es imposible que una rama produzca frutos.

Ahora bien, Jesús agregó que los frutos son los que muestran lo que somos en realidad (Mateo 7:20). Por nuestros frutos seremos conocidos. Nuestra identidad, nuestras visiones y nuestros fundamentos están directamente relacionados con lo que nuestras vidas producen. Cuando tenía apenas quince años, aprendí de mis pastores que si no estamos complacidos con los frutos que nuestras vidas producen, no debemos molestarnos con los frutos. Lo que tenemos que hacer es mirar atentamente lo que estamos sembrando. La Biblia nos muestra que no podemos engañarnos.

No se dejen engañar: nadie puede burlarse de la justicia de Dios. Siempre se cosecha lo que se siembra.
Gálatas 6:7, *NTV*

Es decir, es necesario verificar los frutos de nuestras vidas, evaluando nuestra cercanía a Dios, el árbol principal. Es imposible vivir bajo los principios del reino de Dios, actuar conforme a las enseñanzas de Jesús y tener una vida de éxito espiritual en todas las relaciones interpersonales que tendremos en nuestras vidas, sin permanecer como ramas del árbol de nuestro Dios. Nuestro punto de referencia principal tiene que ser Dios mismo.

Como hombres, a veces nos creemos nuestras propias mentiras; por eso Pablo dice: "No te engañes cuando digas: '¿De dónde salió este fruto?'. Lo que sembraste es lo que estás cosechando". Y es importante aclarar que esto es algo más profundo que solo creer en Dios y estar de acuerdo con sus enseñanzas principales. En palabras de Jesús: *"Ustedes son verdaderamente mis discípulos si se mantienen fieles a mis enseñanzas; y conocerán la verdad, y la verdad los hará libres" (Juan 8:31-32, NTV).*

Jesús hizo una distinción importante y les dijo a los judíos: "Si en verdad han creído, permanezcan en mi palabra, en mis enseñanzas, en mi vida, y entonces serán verdaderamente mis discípulos". Eso quiere decir que se puede ser "mentirosamente discípulos". Es necesario explicar que puede haber personas que admiren la Palabra de Dios sin estar dispuestas a sufrir las consecuencias de ella en sus vidas. Eso los puede convertir en mentirosos, ya que tratan de aparentar que admiran y atesoran su Palabra, pero los frutos de sus vidas revelan cuán falsa y engañosa es su apariencia.

Como pastor, he visto muchos hombres en la iglesia que solamente tienen una relación lejana con Dios. Admiran y disfrutan el mensaje de Dios, pero no viven conforme a los principios espirituales de Dios. Quieren obtener todas las bendiciones divinas, pero no entienden que el fin no son las bendiciones, sino Dios mismo.

Ese es el caso del hombre que relata Mateo 13:44: *"El reino del cielo es como un tesoro escondido que un hombre descubrió en un campo. En medio de su entusiasmo, lo escondió nuevamente y vendió todas sus posesiones a fin de juntar el dinero suficiente para comprar el campo" (NTV).* Cuando encontró un tesoro, decidió vender todo lo que tenía para comprar el campo donde se encontraba la fortuna. Esto que hizo es lo que provoca un verdadero encuentro con Dios. No es solamente encontrar un tesoro, sino mudar todo lo que eres al lugar de donde fluye ese tesoro.

El campo es lo importante. Por eso era necesario que ese hombre cambiara toda su manera de pensar con respecto a lo que poseía, para poder vivir de un modo diferente, con un propósito distinto. Eso es lo que causa un encuentro legítimo con Jesús. Muchos ven con interés los encuentros con Dios de sus esposas, de sus hijos y de sus líderes, pero lamentablemente no han tenido ese encuentro genuino que transforma toda la forma de ver la vida.

Llevar una vida religiosa nos impide conocer a Dios verdaderamente. Por eso muchos hombres van a la iglesia y admiran a Jesús y a sus palabras, pero no creen verdaderamente en él; no al grado de vivir conforme a las enseñanzas de Jesús. Viven una doble vida como algo normal, lo que los hace sentir sin propósito en la vida, solos, tratando desesperadamente de encontrar respuesta a su situación, aunque no lo demuestren.

Por eso Jesús establece que si conocemos la verdad de sus enseñanzas, la verdad de la vida de él, seremos verdaderamente libres. Lo opuesto a la libertad es la esclavitud; y la mentira provoca esclavitud. Cuando vivimos con la mentira de que separados de Dios podemos hacer de todo, no experimentamos el arraigo a la verdad, a sus enseñanzas ni a él. Todos sabemos que Jesús dijo: *"Yo soy el camino, la verdad y la vida; nadie puede ir al Padre si no es por medio de mí" (Juan 14:6, NTV)*. Por consiguiente, Jesús nos explicó: "Si me conocen a mí, la verdad, serán verdaderamente libres".

CÓMO VIVIR LAS ENSEÑANZAS DE JESÚS

Por desdicha, muchos hombres dicen que conocen las enseñanzas de Jesús aunque se les hace difícil vivirlas. Para ello necesitamos su dirección, su cobertura y su Espíritu Santo: su brújula. Ese Espíritu Santo que mora en los que confiesan a Jesús como Señor y Salvador. Ese Espíritu Santo que nos recuerda todas las enseñanzas de Jesús: *"Cuando el Padre envíe al Abogado Defensor como mi representante —es decir, al Espíritu Santo—, él les enseñará todo y les recordará cada cosa que les he dicho" (Juan 14:26, NTV)*. Llegar a este punto de equilibrio entre lo que conocemos de Dios y lo que vivimos es necesario para poder sobrevivir en nuestra aventura.

Saber dónde estamos ubicados en la vida espiritual determina nuestro caminar en Dios. He aprendido que necesitamos alinear diariamente nuestras vidas en las manos de Dios para poder vivir llenos de sus frutos. Además de que necesitamos la ayuda de Dios y de otros para este proceso.

Dios ha prometido cuidarte y cubrirte en cualquier momento de tu vida. Su promesa es clara y contundente: él no te dejará solo. Su voluntad es que vivamos confiados en su dirección, su compañía y su amor, que nos restauran y nos transforman. El Evangelio de Juan nos confirma esto: *"Si ustedes permanecen en mí y mis palabras permanecen en ustedes, pueden pedir lo que quieran, ¡y les será concedido! Cuando producen mucho fruto, demuestran que son mis verdaderos discípulos. Eso le da mucha gloria a mi Padre" (Juan 15:7-8, NTV).*

El corazón de Dios anhela que permanezcamos en él y que sus palabras permanezcan en nosotros, lo que nos convierte en sus discípulos. Este es el llamado mayor: necesitamos una transformación principal para llevar frutos, para cambiar de muerte a vida, de incrédulos a creyentes, de discípulos de este mundo a discípulos de Jesús que glorifican a Dios en todas las áreas de su vida. Un discípulo es alguien llamado a vivir en Cristo, equipado para vivir como Cristo y enviado a vivir para Cristo. El discipulado es un proceso que requiere sacrificio, entrega y decisión.

Por eso, para continuar esta aventura de sobrevivir, necesitamos convertirnos en hombres discipulados que crecen en sabiduría, dirección y en verdadera hombría, hombría que proviene del diseño de Dios para nosotros. Con esa marca, podemos comenzar el proceso de añadir principios a nuestra mochila de supervivencia.

REFLEXIONA

1. ¿Tengo dudas profundas sobre la verdadera hombría? ¿Cuáles son?

2. ¿En qué áreas de mi vida he vivido como Rambo?

3. ¿Soy un verdadero discípulo de los principios de Dios?

PRINCIPIO 3
SANIDAD

EQUIPADO PARA SOBREVIVIR

*El **kit de primeros auxilios** es necesario para sanar las heridas de los procesos de la vida. **Salmos 147:3***

PRINCIPIO 3:
SANIDAD
EL KIT DE PRIMEROS AUXILIOS

EL KIT DE PRIMEROS AUXILIOS ES NECESARIO PARA SANAR LAS HERIDAS DE LOS PROCESOS DE LA VIDA.

"Él sana a los de corazón quebrantado y les venda las heridas".
Salmos 147:3, *NTV*

¿Tengo lo que se necesita para ser hombre? ¿Soy un verdadero hombre? ¿Tendré lo que se requiere cuando se necesite? Descubrí en el caminar de mi vida que, hasta que el hombre sabe con certeza que es hombre, siempre intentará probar su masculinidad; sin embargo, al mismo tiempo, retrocede ante cualquier cosa que pudiera revelar que no lo es.

Los hombres, en el proceso vital, buscamos, casi con desesperación, que nos admiren, nos atiendan y nos afirmen. Queremos probarnos delante de los que admiramos como hombres, claro está, comenzando con las figuras masculinas más cercanas. Desde niños, ante papá, abuelo o tío, queremos demostrar que somos fuertes, arriesgados, grandes. Queremos enseñar que hemos crecido, que logramos determinado premio, que corremos rápido, que jugamos bien, que tenemos talento y que podemos ganar.

Recuerdo la vez que mi primer hijo, Joshua, me preguntó: "Papi, soy fuerte como tú, ¿verdad?" En ese instante, todo se detuvo, como cuando le disparaban a Neo en la película *Matrix*. Todo se veía lento y entendí que me enfrentaba a un momento crucial en su vida. Apenas tenía cuatro años, pero era una duda que necesitaba una respuesta y una acción. Así que le dije: "Joshua, seguro, eres muy fuerte. Y todavía te falta mucho por crecer. Serás aún más fuerte. Pero lo más importante no es la fuerza de tu cuerpo, sino la de tu corazón; por eso necesitas ser fuerte en Dios como papá".

A continuación comenzamos a jugar utilizando la fuerza de nuestros brazos y, como todo buen papá, lo dejé ganar para que viera que era fuerte. Ahora bien, la lección que nos deja esa anécdota es muy relevante. No obstante, son esos momentos cruciales los que algunos de nosotros no tuvimos. A menudo, culpamos a los que nos criaron, preguntándonos por qué no lo hicieron; sin embargo, hace algún tiempo, aprendí que aquellos que no tienen que dar no lo hacen porque no recibieron nada.

Muchos hombres han legado, de una generación a otra, influencias poderosas y de bendición que han impactado positivamente a sus hijos, sus nietos y a toda su descendencia. Tanto es así que han preparado un camino de bendición para sus hijos de tal magnitud que el paso de estos por la vida está repleto de herramientas. Otros no han podido trasmitir influencias positivas porque, a través de generaciones, abrazaron más las heridas que la sanidad.

En un proceso normal, entendido esto por el que Dios diseñó, lo que debía ocurrir es que papá —como figura que refleja la imagen de Dios— le debía conferir fortaleza, admiración y confianza a su hijo, con lo que lo ayudaría a contestar las preguntas propias de su desarrollo como hombre. La afirmación de otro hombre con autoridad impacta y provoca seguridad, certeza, influencia y sanidad en el receptor. La ausencia de todo lo anterior promueve incertidumbre, desconfianza, fingimiento, soledad, virilidad inconclusa y heridas profundas que necesitan ser sanadas.

Todos hemos sido heridos en mayor o menor grado. Las heridas son parte de la naturaleza de nuestro mundo pecaminoso. Nadie ha tenido padres perfectos, niñez perfecta, ausencia de heridas. Sabemos que existen hogares muy ricos en afecto, amor, perdón, paz, confianza, amistad, ternura, afirmación y valores. Lamentablemente, también existen muchos en los que imperan el maltrato, la indiferencia, las burlas, la indisciplina, la ausencia de paternidad, la falta de dirección, la violencia, la destrucción de los valores, la mentira; es decir, hogares en los que las heridas emocionales y físicas son comunes. Por esa razón, necesitamos equiparnos con el divino kit de primeros auxilios espirituales para la sanidad.

DOS TIPOS DE HERIDAS:

1. HERIDAS AGRESIVAS

Cuando la figura de autoridad en tu crianza te marca en lo emocional, afectando tu autoestima, lacerando tu corazón con frases que afirman y corroboran que eres débil, bruto, torpe, que no sirves, que eres como una nena, afeminado, que tus opiniones no valen y sella con violencia todo proceso para demostrar que es más fuerte que tú, surge en ti un patrón de rechazo, hostilidad y anulación emocional que es, por demás, destructivo. Esto es cosecha de la siembra que se hizo en ti. Algunos fueron maltratados con golpes cada vez que se equivocaban, maltratados hasta en su intimidad sexual y física, a veces con palabras soeces que los marcaron desde pequeños. Para muchos, no había corrección, sino una descarga punitiva de improperios y disfunción. Podemos decir, con dolor, que el único lugar donde algunos niños podían sentirse tranquilos era fuera de su hogar.

Muchos vivieron la angustia de un padre ausente físicamente; otros sufrieron la ausencia emocional dado que sus padres los disciplinaban pero no les mostraban afecto, ni les daban abrazos, cariños ni menos aún comprensión. Todas esas heridas casi siempre se marcan con gritos, discusiones y violencia en general. Hay hijos que crecieron viendo el maltrato constante de su padre hacia su madre, lo que los alejó permanentemente de la figura paternal. Hay hijos que experimentaron el maltrato de su propia madre y se sintieron castrados emocionalmente. Hay mujeres que, debido a la ausencia de una figura paternal, tuvieron que asumir toda la disciplina y en ocasiones dañaron el corazón de sus hijos porque al corregirlos cruzaron los límites de la humillación permanente de la hombría de sus hijos.

2. HERIDAS POR AUSENCIA DE BENDICIÓN

La ausencia de bendición es una herida muy sutil para el corazón del hombre. Cuando el hombre no recibe ninguna bendición de su padre, se produce una herida. Los padres ausentes o los que no intervinieron en nada, o en demasiado poco, no afirmaron el corazón de su hijo. Tampoco los padres que no fueron proactivos o intencionados en sus acciones a favor de la bendición. Padres que podían dar consejos a muchos, pero a sus hijos rara vez lo hacían. Padres que, por tener una agenda muy comprometida, un trabajo muy exigente (a veces por la forma en la que ellos mismos lo definieron) y un tiempo muy limitado, perdieron la oportunidad de experimentar los momentos trascendentales en las vidas de sus hijos: momentos que no se repiten. Padres que no afirmaron debido a que no entendieron que cada etapa requería un proceso diferente de cobertura para sus hijos. Por eso algunos hombres tienen en sus corazones heridas de afirmación que provienen de la ausencia de bendición.

Se nos enseña el mito de que la herida que duele, y que nos impide seguir funcionando, es tan vergonzosa que debemos ocultarla. En ocasiones se piensa erróneamente que el verdadero hombre se mantiene caminando con su dolor y sus heridas sin revelarle nada a nadie. Es por ello que algunos crecen como hombres llenos de muchas heridas sin sanar. Ya sean agresivas o por falta de bendición, nos impactan tanto que establecen —en muchas instancias— la clase de hombre que somos.

Por eso requerimos del equipo de primeros auxilios en nuestra mochila de supervivencia. Necesitamos exponer el área, tratar la herida con cuidado y disponernos a limpiarla para confiar que Dios puede sanarla. El principio espiritual es simple: necesitas reconocer tus heridas ante Dios para poder ser curado y restaurado por su gracia.

Una herida no reconocida se infecta y, lo peor, afecta todo el proceso de tu vida. Una herida que has abrazado porque te acostumbraste a vivir con ella no puede curarse. Una herida que secuestra tus emociones y define tu identidad logra absorberte al punto que te impide desarrollar la máxima capacidad del diseño que Dios delineó para ti. Aunque hayan ocurrido en el pasado, si todavía te duelen las heridas, realmente no han dejado el pasado, sino que están en el presente, en el hoy y en el ahora.

Quiero regalarte una definición restauradora: sanar es recordar sin dolor. La sanidad ocurre cuando una cicatriz ocupa el lugar de la herida. La cicatriz cierra y hace que perdamos la sensibilidad. Podemos ver el lugar donde estaba la herida, podemos recordar el evento, los personajes, la situación y hasta testificar de lo que sucedió, pero YA NO DUELE. La cicatriz es la marca de que existió una herida, pero también es la marca de que hubo sanidad.

El dolor es la bandera que levanta tu cuerpo para decirte que algo no anda bien. ¿Alguna vez te has preguntado qué pasaría si no le hicieras caso al dolor? ¿Qué sucedería si fingieras que no lo sientes? En casos extremos, la persona con una herida abierta puede hasta desangrarse; si no le hacemos caso al dolor, es imposible que podamos ser funcionales.

Las heridas pueden ser causadas por el impacto o afirmación de una figura de autoridad masculina o femenina. De igual forma proviene la sanidad, pero ahora de un Padre celestial que con su corazón paternal nos quiere afirmar y dirigirnos hacia un camino de sanidad mediante su amor infinito. La Palabra nos enseña en Salmo 103:3: *"Él perdona todos mis pecados y sana todas mis enfermedades" (NTV)*. Dios anhela ofrecernos sanidad para que no sigamos transmitiendo las heridas a las próximas generaciones.

Particularmente experimenté ambas heridas. Escribir sobre mi familia es algo bastante complejo, ya que siempre es necesario ser muy prudente con lo que se escribe y, al mismo tiempo, genuino con lo que se relata. Así que, de antemano, a todos los involucrados en las experiencias de mi vida familiar, puedo decirles con toda honestidad que los amo profundamente, que si algo ocurrió es parte de un proceso de vida del cual se aprende cada día. He aprendido que nadie se levanta de mañana y dice: "Otro día más para hacer las cosas mal, destruir mi vida y la de los que me rodean". Por ello, es necesario partir de la premisa de que las intenciones de mi familia siempre fueron buenas, aunque en múltiples ocasiones no se manifestaran de esa forma.

Dicho esto, puedo afirmar que mi hogar fue muy intenso en todos los sentidos. Cuando me preguntan cómo llegué al pastorado de una iglesia, mi respuesta es que jamás habría pensado eso en mi niñez. No tuve una familia que participara activamente de la iglesia. Mis padres me hablaban de tener respeto a Dios y sus cosas, pero no visitábamos la iglesia.

Cuando comencé a buscar a Dios, tenía trece años y el primer consejo espiritual que recibí en mi nueva vida fue: "Conoce la Palabra para que puedas vivir al nivel del testimonio de Jesús". Sin embargo, esa decisión marcó una controversia en mi vida familiar. La forma en que mi familia vivía nada armonizaba con los principios que estaba comenzando a aprender. Aunque mi familia tenía sus momentos de intensidad, también mostraban amor. El cuidado de mis padres provocó muchas bendiciones en mi vida. Todo lo que he logrado tiene algo de ellos: el carisma de mi padre, el carácter firme de mi madre, el liderazgo equilibrado de ambos. Fui formado en muchas cosas por el ejemplo que recibí en mi hogar. Mi vida indudablemente tiene muchas marcas familiares que me bendijeron, por lo que le doy muchas gracias a Dios.

Ahora bien, mi familia tuvo momentos difíciles y complicados por diversos factores, desde infidelidad por parte de mi padre, falta de comunicación entre ambos progenitores, discusiones y malos tratos hasta las situaciones de violencia que pueden parecerse a las de numerosas familias de nuestra sociedad. A veces, todo andaba bien, pero luego nos arropaban circunstancias difíciles. Atravesé muchas en mi desarrollo. Todo eso le causó heridas a mi corazón y necesitaba sanidad. Entendí que no podía seguir viviendo con raíces de amargura contra mi familia en mi corazón.

Tuve que internalizar varias cosas: primero, que mis padres me habían dado lo mejor que tenían. Entiendo que fue lo que recibieron en su crianza, y en algunos casos hasta me dieron afecto y ayuda que ni siquiera ellos recibieron de sus respectivos padres. Es decir, me percaté de que ciertas heridas eran repetidas de generación en generación, puesto que no habían recibido sanidad.

También internalicé que la sanidad de Dios a mi vida comenzó con el perdón. *"Si perdonas a los que pecan contra ti, tu Padre celestial te perdonará a ti" (Mateo 6:14, NTV).* El perdón me instó a efectuar una acción contundente: mirar a mis padres como Dios los veía. ¿Pueden creerlo? El que justificaba que se sentía herido y necesitaba que sus padres le pidieran perdón entendió que tenía que perdonarlos y mostrarles el amor y la misericordia de Dios. ¿Acaso no es esto lo mismo que hizo Jesús? Él había sido herido por nuestros pecados, pero decidió venir y perdonarnos con su amor y su misericordia. Por eso Pablo les escribió a los filipenses: *"Tengan la misma actitud que tuvo Cristo Jesús. Aunque era Dios, no consideró que el ser igual a Dios fuera algo a lo cual aferrarse. En cambio, renunció a sus privilegios divinos; adoptó la humilde posición de un esclavo y nació como un ser humano. Cuando apareció en forma de hombre, se humilló a sí mismo en obediencia a Dios y murió en una cruz como morían los criminales" (2:5-8, NTV).* Dios me confrontó con que tenía que vivir como Cristo en todas las áreas de mi vida y esta era una tarea muy difícil de conquistar; pero si quería adoptar el diseño de Dios para mi hogar y mis hijos, había una única ruta: **PERDONAR Y ACTUAR COMO CRISTO.**

Aunque en mi casa había momentos de amor, no se acostumbraba decir: "Te amo". No había expresiones profundas de cariño. Teníamos un negocio familiar, lo que hacía que nos enfocáramos en el trabajo exclusivamente. Las expresiones de cariño eran para momentos especiales, en los que se celebraban logros específicos, o en reuniones de tristeza familiar que implicara algún encuentro emocional. Dios me confrontó con esta verdad: necesitaba ejercer una acción contundente dirigida por lo que Dios hizo por mí. Debía acercarme yo y hacer lo correcto. Santiago 4:17 nos enseña que saber hacer lo bueno y no hacerlo es contado como pecado. Por ende, debemos movernos en la misma dirección del corazón perdonador de Dios y hacer lo bueno. Aunque mis padres no habían dicho: "Te amo", yo sí lo haría. Así que decidí abrazar, acercarme a mis hijos, celebrar los momentos juntos y mostrarles un amor genuino.

Dios hizo un llamado fuerte a mi corazón y entendí la importancia de que el precursor mayor de la sanidad es el perdón. Dios, y su Palabra, me hicieron entender que necesitaba perdonar todas las heridas que mi familia me causó. Además, yo necesitaba pedir perdón por las que también les causé a ellos. Porque todos hemos sido heridos y todos herimos en diversas formas.

Aquí es donde la Palabra de Dios hace su entrada triunfal con respecto a mí. Sé que la mayoría conoce la historia de David en el contexto de su enfrentamiento con el gigante Goliat, pero me gustaría reflexionar en los antecedentes de esa historia. Cuando Dios le dijo a Samuel que fuera a ungir a uno de los hijos de Isaí como rey de Israel, sus instrucciones fueron claras: *"No juzgues por su apariencia o por su estatura, porque yo lo he rechazado" (1 Samuel 16:7, NTV).* Isaí invitó a la cena a todos sus hijos para que conocieran a Samuel. Esto es interesante: a todos menos a David. Si a tu casa fuera la persona más importante del país para conocer a tus hijos, ¿dejarías a alguno sin invitar?

También es interesante observar que Isaí no pensó que David fuera el elegido. No vio potencial en él. Si alguno sería rey, definitivamente no sería David, ya que era muy joven e inmaduro y carecía las cualidades que tenían Eliab, Abinadab o Sama. Por eso Dios le dijo a Samuel: *"No juzgues por su apariencia o por su estatura, porque yo lo he rechazado. El Señor no ve las cosas de la manera en que tú las ves. La gente juzga por las apariencias, pero el Señor mira el corazón" (1 Samuel 16:7, NTV).* Así que invitaron finalmente a David. Cuando el profeta Samuel lo vio, se levantó y lo ungió. ¿Te imaginas la cara de todos, las dudas, las preguntas?

Es probable que pensaran: *¿Estará Samuel cuerdo?* "Ya está bastante mayor. Puede que se haya equivocado", murmurarían algunos de los hermanos de David. La muestra más efectiva de estas dudas se observa cuando David precisamente llega al campamento donde Goliat amenaza al pueblo de Dios y sus hermanos comienzan a decirle que no hay razón para que esté ahí, que es un chismoso y que es un inmaduro. Sorpresa para todos, ese inmaduro fue el que venció a Goliat y los libró de la esclavitud de los filisteos.

Pero la parte más importante del proceso de David se encuentra en 1 Samuel 22:1 cuando está huyendo de los celos de Saúl: *"David salió de Gat y escapó a la cueva de Adulam. Al poco tiempo sus hermanos y demás parientes se unieron a él allí"* y se hicieron parte de su ejército recién formado *(NTV).* Quiero detenerme por un instante en las implicaciones de lo que acabamos de leer. Sus hermanos y toda la casa de su padre se unieron al ejército de David. Es decir, hubo sanidad en la relación de David con sus hermanos y toda la casa de su padre.

Eso impactó mi vida, ya que Dios estaba confrontándome; David apenas tenía dieciséis años cuando eso sucedió y Dios me confrontó con la realidad de que, aunque llevaba tres años en Cristo, mi relación con mi familia no era buena, y yo no había hecho nada para que mejorara. Teníamos una familia distante. Mi vida funcionaba alrededor de mi nueva familia de la iglesia y veía a mis padres como personas que me habían herido: mi padre con la ausencia de bendición y su ejemplo contradictorio y mi madre con sus disciplinas inflexibles y carentes de afecto y comprensión.

Ese fue un momento complejo. Tenía que obedecer a Dios e ir a pedir perdón por albergar en mi corazón raíces de amargura contra mis padres. Mi primera pregunta fue: "Pero, si no lo siento, ¿estaré siendo hipócrita? Pues entonces será mejor hacerlo cuando lo sienta". Doy gracias a Dios por mis pastores que me enseñaron que mucha gente vive esperando sentir para decidir, pero la realidad espiritual es que debemos decidir para luego sentir. Ser obediente a Dios y su Palabra no es ser hipócrita.

Así que fui a pedir perdón, dispuesto a perdonar también. En ese momento, puedo decirles que mi mamá entendió en parte y reflexionó en mis palabras; con el transcurso de los años, entendió cada vez más mi acción de pedir perdón y perdonar. Cinco años después de haber tomado la decisión de acercarme a mis padres y darles testimonio del amor de Dios a sus vidas, Dios me sorprendió en un viaje que realicé con ellos cuando mi papá se me acercó y me abrazó, me besó (él, que había dicho que los hombres no se besaban) y comenzó a decirme al oído: **"Hijo, PERDÓNAME, por favor, PERDÓNAME".**

Qué glorioso poder tomar su rostro entre mis manos y mirarlo a sus ojos llorando para decirle: "Papi, hace tiempo te perdoné porque hace tiempo Dios me perdonó. Te amo y le doy gracias a Dios por tu vida". La vida de mi padre fue marcada por muchos momentos difíciles, pero ese día Dios lo separó para que supiera que el perdón de Dios era real. Sin importar cómo haya sido tu trasfondo, te reto a que tomes la decisión de expresar tu perdón y tu amor con intensidad. Hoy en día, tengo una relación de amor y respeto con mi padre, que sigue en un proceso de transformación espiritual.

Con mi madre, el proceso ha sido glorioso. Actualmente, ella es una de mis ovejas en la iglesia que pastoreo. Antes, su figura de autoridad me marcó al punto de alejarme de ella con sus acciones, con las que pretendía disciplinarme aunque humillaba mi hombría. Sus acciones eran la respuesta a la ausencia de mi padre en muchas instancias de mi vida y eso, a su vez, hizo que asumiera autoridad con ira por no poder controlar a un adolescente con sus actitudes de rebeldía. Dios llegó a mi vida a los trece años y eso representó una gran ayuda para poder manejar nuestra relación de madre e hijo por medio de la sanidad. Hoy en día, me bendicen la sensibilidad y el amor de mi madre para sujetarse aun a mi autoridad pastoral. Veo el fruto de Dios en su vida debido a que hemos establecido una relación en la que tenemos total transparencia y un amor renovado por Dios.

Decidí no seguir con las heridas porque no podría sobrevivir la aventura de mi vida y además no las quería pasar a mis hijos. Descubrí que la sanidad es un proceso que comienza con la decisión de perdonar, pero continúa con un proceso constante de transformación a la imagen del diseño de Dios mediante su Espíritu Santo. Descubrí que tenía que ejercer obediencia al pedirles perdón a mis hijos cuando actuara en mi rol de padre de forma incorrecta.

Entendí que puedo ser capaz de herir a mis hijos, y a mi esposa, de la peor manera. Por consiguiente, decidí con todas mis fuerzas afrontar mi proceso vital con el perdón y la sanidad de Dios como bandera. Jamás olvidaré la primera vez que le pedí perdón a mi primer hijo, Joshua. Ese día, estaba muy cargado con muchas cosas y le grité con ira para corregirlo; lo hice mal, mi esposa me corrigió (mujer sabia) y decidí ir a su cuarto. Me arrodillé frente a él y le dije: "Joshua, perdóname, por favor". Él tenía dos añitos y me dijo: "Está bien, papi, pero no lo vuelvas a hacer". Ese día, entendí que si nuestra relación se basaba en el perdón, su corazón sería guardado por Dios y por mí. Todavía cometo errores, pero el perdón sigue provocando sanidad, y esta estimula la transformación.

TIENES FRENTE A TI TRES CAMINOS:

1. Primero: Vivir con las heridas; volverte ambicioso y violento. Buscar identidad en lo que haces, no en lo que eres. A menudo, puedes tener explosiones de carácter que te lleven a hacer cosas que jamás pensarías. En nuestro país, y en el mundo entero, nos arropa el problema de la violencia intrafamiliar. Todos los meses, la prensa nos informa de tres a cuatro crímenes cometidos por hombres contra las mujeres. Lamentablemente, muchos individuos escogen este camino por las heridas que experimentaron en su crianza. Podrían ser heridas por el maltrato de su padre hacia su madre, que están repitiendo por imitación. O también son violentos con la figura femenina porque viven con heridas profundas por haber tenido madres o abuelas que los maltrataron emocionalmente y humillaron su hombría con ira. Si esos hombres no reciben sanidad de Dios, maltratan a la figura femenina. Esta realidad debe ser transformada por hombres que sean sanados de las heridas de su pasado para no seguir hiriendo y maltratando a sus familias. Un hombre sano es capaz de manejar los asuntos emocionales y difíciles de su vida de una manera diferente, sin tener que llegar a utilizar la ira como respuesta a las circunstancias que no puede controlar.

2. Segundo: Vivir con las heridas, hundirte y volverte pasivo. Sin ganas de luchar y sin propósitos. Con depresión normal, sin aspiraciones ni expectativas y con un corazón y una existencia que viven de la apariencia. Hombres que solamente viven en lugar de disfrutar las etapas de su vida. Actúan a la defensiva, siempre esperando que algo malo ocurra y por eso no pueden disfrutar ninguna etapa con intensidad y se esconden periódicamente en la oscuridad de sus heridas, sin revelarlas a nadie, viviendo solos y sin amigos que edifiquen sus vidas.

3. Tercero: Sanidad de Dios para vivir en su libertad. La sanidad de Dios promueve una forma diferente de ver la vida. Entendemos que a los que aman a Dios todas las cosas obran para bien (Romanos 8:28). Aun cuando sea difícil aceptarlo, podemos ver que Dios siempre estuvo, y estará, en control de todo. Lo vemos en la sanidad del corazón de José en cuanto a sus hermanos luego de haberlo vendido como esclavo. En Génesis 45:5-8, se nos relata cuando José les reveló su identidad a sus hermanos y les dijo: "No me enviaron ustedes a Egipto, sino Dios. Dios me envió delante de ustedes para preservarles posteridad". Cuando somos sanados por Dios, vemos el panorama completo y Dios nos utiliza para preservar y sanar aun a los que nos hirieron. El camino de la sanidad comienza con creer que Dios ha estado, está y estará en control de todo a pesar de nuestras condiciones. Dios no desperdicia ni el dolor ni las circunstancias que hemos vivido. Al contrario, las aprovecha y utiliza para que seamos mejores y maduremos en él. Servimos a un Señor que experimentó el dolor en carne propia. Nuestro Señor no es un Dios que mira el dolor desde lejos. Él fue herido fue por nuestra rebeldía, destrozado por nuestros pecados. Nuestro Dios le impartió propósito al dolor y lo convirtió en el acto más glorioso de toda la historia.

REFLEXIONA
PASOS PARA LA SANIDAD

1. Debes reconocer tus heridas delante de Dios. El impacto de la afirmación de la identidad de Dios sobre tu vida provocará el comienzo de la sanidad.

2. Debes perdonar. Efesios 4:32 nos exhorta a que seamos misericordiosos y que perdonemos como Dios lo hizo con nosotros: *"Sean amables unos con otros, sean de buen corazón, y perdónense unos a otros, tal como Dios los ha perdonado a ustedes por medio de Cristo" (NTV).* Perdonar es un proceso y requiere que miremos a los que nos hirieron con los ojos misericordiosos de Dios. Si hemos recibido el perdón de Dios, debemos también perdonar y no permitir que broten raíces de amargura en nuestros corazones (Hebreos 12:15) que detengan nuestro caminar. Ahora bien, si ya perdonaste, y los que te hirieron no han tomado en consideración tu perdón, eso no depende de ti. *"Si es posible, en cuanto dependa de vosotros, estad en paz con todos" (Romanos 12:18).* Sabemos que hay momentos en los cuales las personas no entienden la profundidad del perdón que les ofrecemos, pero eso está fuera de nuestro alcance. Sé libre y ten un corazón perdonador.

3. Debes entender que la sanidad es un proceso, no un evento. Abre tu corazón genuinamente para que seas sanado, para que aprendas cerca de él, para que dependas de él y para que recibas la afirmación de tu Padre que está en los cielos. Ahora es el momento de cicatrizar la herida con la Palabra de Dios. Necesitas llenarte de las Escrituras para que tu Padre Dios te afirme con ella.

4. Debes buscar un amigo, pastor o líder espiritual que te acompañe en este proceso de modo que apruebe lo que estás realizando y te ayude a completarlo. Uno de los mejores ejemplos de afirmación y amistad es la relación entre Pablo y Timoteo, quien se formó y maduró con la paternidad espiritual que le ofreció Pablo.

PRINCIPIO 4
EQUIPO DE AMIGOS

EQUIPADO PARA SOBREVIVIR

Los ***binoculares*** *sirven para poder ver más allá de nuestra capacidad.* **Juan 15:15**

PRINCIPIO 4:
EQUIPO DE AMIGOS
LOS BINOCULARES

LOS BINOCULARES SIRVEN PARA PODER VER MÁS ALLÁ DE NUESTRA CAPACIDAD.

"Ya no os llamaré siervos [...]; pero os he llamado amigos".
Juan 15:15

Cuando la historia de Michael Jordan y los Chicago Bulls comenzó en la década de los ochenta, nadie pensó que sería un imperio en el baloncesto. Como fanático desde el comienzo de los Bulls, veía el talento impresionante de Jordan. Es necesario mencionar el récord que estableció en el Boston Garden en el año 1986 con 63 puntos en un juego de eliminatorias. Todo el mundo quedó impactado con ese joven que tenía un desempeño en la cancha de baloncesto que asombró a todo Boston. Lo que la mayoría de la gente desconoce de este dato es que ese juego lo ganó Boston 135 a 131. Ese año, Boston eliminó a Chicago y quedaron campeones de la NBA (National Basketball Association o Liga Nacional de Baloncesto)[1].

Para muchos, no hay manera de explicar cómo, tras aquel colapso, comenzó esa gran dinastía. Michael era excelente anotador, pero tenía un reto gigantesco: no podía ganar los juegos solo. Necesitaba con desesperación un equipo que lo respaldara. Necesitaba amigos que estuvieran dispuestos a asumir su rol y a ganar juntos como equipo. Él podía anotar sesenta y tres puntos y no ganar o escoger anotar treinta puntos y ganar. Perdiendo puntos, intentó mejorar el desempeño de un equipo que sin él no sería conocido. Ese equipo ganó seis campeonatos y derrotó a muchos conjuntos estelares como Nueva York con Patrick Ewing, Detroit con Isiah Thomas y Joe Dumars, y los temidos Seattle Supersonics con Gary Payton y Shawn Kemp. Equipos difíciles que fueron derrotados por el trabajo colectivo de un grupo que estuvo dispuesto a sobresalir y de un Michael Jordan que, con su talento y actitud, hizo que los miembros de su equipo fueran mejores.

Eso nos enseña la importancia de tener amigos y vivir anclados a otros equipos que nos bendigan. Y eso me hace pensar que para sobrevivir en nuestro caminar, necesitamos tener binoculares en la mochila. Los binoculares sirven para ver más allá de lo que alcanzamos a distinguir con nuestras capacidades normales. Los amigos representan a aquellos que nos ayudan a ver más allá de nuestras capacidades. Cuando Jesús les dijo a sus discípulos que los llamaría amigos, fue un momento de intimidad muy profundo. Jesús sería entregado en horas y luego moriría en la cruz. Era un momento difícil, pero lo escogió porque significaba tiempo de cercanía, tiempo de enseñanza e influencia. Jesús no dijo eso al azar, sino como parte de un fruto que se obtenía con estar juntos, con vivir experiencias y procesos comunes. Pero también implicaba un ascenso. No a todos podemos decirle amigos.

Recuerdo que mi padre me decía con mucho orgullo: "Yo tengo muchos conocidos pero pocos amigos". ¿Qué hace que como hombres tengamos reservas al momento de establecer relaciones profundas de amistad? En muchas instancias, nuestras relaciones han sido marcadas porque hemos confiado y hemos sido traicionados. Por ende, tomamos una gran decisión: "No quiero que me lastimen; por eso prefiero no confiar en nadie". Esa parece ser una decisión inteligente, pero no muestra realmente sabiduría. Es cierto que pueden existir relaciones que nos perjudiquen y que necesitemos evitar.

Pablo le dijo a Timoteo de los que tuvieran apariencia de ser cristianos pero practicaran toda clase de pecados sin un verdadero arrepentimiento: *"A estos evita" (2 Timoteo 3:5)*. Estoy convencido de que existen relaciones que no son de edificación para nuestras vidas y que necesitamos tomar decisiones difíciles en cuanto a las personas que nos rodean e influencian nuestros corazones. Como hombres, sabemos que somos influenciados por otros varones cercanos a nosotros. Tener amigos es una necesidad imperiosa del corazón, pero necesitamos ser selectivos al momento de escoger a quiénes escuchamos y cuáles ejemplos seguimos.

Ahora bien, aunque nuestra confianza haya sido herida, nuestra meta debe ser exponernos con mayor prudencia pero sin cerrar nuestros corazones a las amistades. Podemos tener conversaciones con otros hombres sobre temas de carros, deportes, películas; podemos bromear sobre eventos y hasta discutir sobre los acontecimientos del país. Sin embargo, manejar una comunicación profunda de un problema serio que requiere expresar nuestra vulnerabilidad se nos hace muy difícil. Aun cuando tenemos alguna situación compleja en la que necesitamos un consejo, se complica si no tenemos un equipo de amigos que puedan llegar a nuestros corazones.

Lo que quiero plantear es que necesitamos las relaciones amistosas para crecer y desarrollarnos. Que, por más orgullo que podamos mostrar al jactarnos de que tenemos pocos amigos, lo que deberíamos responder es si tenemos alrededor a los amigos que necesitamos y si somos necesarios para alguien como amigos.

Jesús enseñó que en las relaciones interpersonales existen niveles de amistad que debemos alcanzar. En el equipo de los discípulos, había autenticidad, transparencia, enseñanza, ayuda, adaptación y profundidad. Sé que en la sociedad actual se enseña que no debemos confiar en nadie. Esa crisis de confianza se muestra cuando conozco cada vez más hombres que están solos en la vida. Sin grupo de amigos, sin nadie con quién hablar temas profundos y con pocos deseos de cambiar esa realidad. Algunos han sido traicionados o heridos, o simplemente nunca han sentido la confianza de tener amigos. Por eso quiero desafiarte a trascender a esa mentalidad y asumir una actitud renovada porque Dios nos muestra un camino de amistad que comenzó con su propio amor por nosotros.

Dios nos ha llamado amigos. Él diseñó la amistad profunda. Nuestro corazón es bendecido, reconfortado, aliviado y moldeado cuando entendemos nuestra necesidad de ser amigos de Dios. Santiago 2:23 nos enseña: *"Y así se cumplió lo que dicen las Escrituras: 'Abraham le creyó a Dios, y Dios lo consideró justo debido a su fe'. Incluso lo llamaron 'amigo de Dios'"* (NTV).

Para tener amigos, la primera amistad que debes reformular es la que te une a Dios. La amistad con Dios sana y restaura las heridas de relaciones pasadas y hace que estés dispuesto a confiar porque tu corazón anhela tener amigos genuinos. La amistad que nos enseña la Palabra es revolucionaria.

El hombre que tiene amigos ha de mostrarse AMIGO;
y AMIGO hay más unido que un hermano.
***Proverbios 18:24,** énfasis añadido*

La amistad profunda implica unidad, visión y misión en común, un sentido de compromiso. El amigo comparte lo que es. En realidad, le apasiona su compromiso amistoso y es capaz de adaptarse para que la amistad crezca. Los discípulos le mostraron a Jesús su amistad incondicional, por eso luego de tres años con ellos, les dijo: "Ustedes han demostrado que además de estar dispuestos a estar conmigo, comparten lo que soy". Es imposible tener identidad en Dios si no compartimos lo que Dios es. Quizás al principio del ministerio de Jesús, los discípulos tenían motivaciones, intenciones o expectativas diferentes, pero el tiempo que pasaron con Jesús los transformó. Cuando tienes tiempo profundo con un amigo, terminas hasta pareciéndote a él porque lo conoces. Vistes como él, escuchas lo que él escucha, hablas como él habla y hasta eres capaz de decidir como él decide. Esa es la amistad profunda que necesitamos con Dios.

Ahora bien, necesitamos entender que esa amistad profunda con Dios se fortalece y se edifica con la amistad de otros hermanos que también tienen el mismo tipo de amistad con Dios. Esto nos convierte en un equipo invencible que enfrenta un proceso en el que todos caminamos en una misma dirección, por lo cual nos cubrimos, nos evaluamos, nos corregimos, nos amamos, nos aconsejamos y nos expresamos con libertad.

Los equipos de amigos que fueron más efectivos en la Palabra fueron los del ministerio del apóstol Pablo. En todas sus cartas, mencionaba a los amigos que lo acompañaban. Tanto en las salutaciones como en las despedidas, encontramos a Silas, Crescente, Tito, Lucas, Marcos, Timoteo, Gayo, Cuarto, Tercio, Tíquico, entre otros. Es increíble que siempre escuchamos y admiramos el ministerio de Pablo, pero no nos damos cuenta de que funcionó porque había un equipo de amigos de Dios, que eran compañeros entre ellos. Pablo le escribió a Timoteo:

Timoteo, por favor, ven lo más pronto posible. Demas me abandonó porque ama las cosas de esta vida y se fue a Tesalónica. Crescente se fue a Galacia, y Tito a Dalmacia. Solo Lucas está conmigo. Trae a Marcos contigo cuando vengas, porque me será de ayuda en mi ministerio. A Tíquico lo envié a Éfeso.
2 Timoteo 4:9-12, *NTV*

Los momentos de dificultad se pasan de forma diferente cuando tenemos amigos en quiénes confiar. La sociedad actual nos encamina hacia la individualidad. Dios nos llama a la amistad. En muchas ocasiones, lo que nos impide hacer amigos es el mito mal enseñado de que los amigos te utilizan para obtener algo de ti, pero la verdadera amistad incluye la posibilidad de confiar. Seamos amigos de Dios y entre nosotros.

Uno de mis pastores me enseñó este principio de la amistad y me desafió cuando apenas tenía catorce años. Celso Pérez, alias "Popín", ha sido y es una influencia pastoral de Dios para mi vida desde mi adolescencia. Él me enseñó que necesitaba amigos, no solamente compañeros.

En un retiro de jóvenes, tuve la oportunidad de jugar baloncesto. Ese día estaba confiado en mi juego, por lo que ganaba contra todos los equipos que enfrentara. Mi orgullo estaba en las nubes. Era de esos días que, sin importar cómo tirara la bola, la metía en el canasto. Popín me miraba desde las gradas y veía la arrogancia de mis actitudes hacia los contrarios y hacia mis compañeros. Entonces decidió jugar. Mayor que yo por algunos años, y con experiencia de baloncesto profesional, la que yo desconocía en ese momento, me retó a un juego. Me dijo que escogiera a los que quisiera, mientras que él seleccionó a los que yo desprecié. Comenzó el juego. Obviamente, fui humillado totalmente por su tiro en suspensión perfecto y empecé a pelear con mis compañeros, reclamándoles porque no hacían su labor. Al final, nada dio resultado. La derrota fue devastadora para mi orgullo de joven. Sin embargo, ese día lo recordaré, no por lo que perdí, sino por lo que gané.

Popín me dijo con mucho respeto: "Necesito compartirte algo, ¿me permites?". A solas, ese día, confrontó mi actitud orgullosa y despreciativa con los demás. Me explicó la importancia de tener los frutos de un carácter transformado por Dios. Me enseñó que la humildad se aprende, pues Jesús dijo: *"Aprended de mí, que soy manso y humilde de corazón" (Mateo 11:29)*. Es decir, que imitar a Jesús implica aprender de su humildad para vivir como él. Ese día gané un amigo que necesitaba en mi vida, uno que se constituyó en los binoculares para mi carácter. Binoculares con los que pude ver con precisión la necesidad de que alguien me dijera cómo me veía en realidad y lo que podía llegar a ser en las manos de Dios. Ese día gané un amigo que me confrontó y me enseñó el valor de la amistad. Su influencia y corrección promovieron los principios espirituales y el cumplimiento del propósito de Dios en mi vida.

Mi amistad con Popín se transformó en una profunda relación de mentoría, dirección y pastoreo. Junto a Popín, aprendí a ser oveja, a ser genuino, a buscar el corazón de Dios y las bases fundamentales de una vida pastoreada. A través de más de veinte años de amistad, hemos pasado por muchas experiencias, vivencias que nos han hecho crecer. Es interesante concluir que Popín ha influenciado mi vida tanto como yo la de él. No obstante, hubo momentos de dificultad con su salud debido a que fue diagnosticado con cáncer y puedo decir, sin temor, que nuestra amistad fue como bálsamo y refrigerio para su vida. Hoy está sano de ese cáncer. Dios lo sanó. Pasar ese momento junto a él fue un gran privilegio que Dios me dio. Nuestra amistad se transformó en una hermandad profunda, ya que con los amigos se logra una relación de armonía y bendición mutua.

Cuando Dios le preguntó a Caín por su hermano, Abel, su contestación fue: *"No lo sé [...]. ¿Acaso soy yo el guardián de mi hermano?" (Génesis 4:9, NTV)* . Este versículo es medular en la historia de esos dos hermanos. Lo que plantea la pregunta divina es que estar cerca de mi hermano implica anhelar cuidar y guardar de él. Es decir, la relación amistosa no tiene que ver solamente con recibir cosas de tu amigo. También es necesario cumplir el rol de ser amigo y guardar de esa persona por la que se profesa amistad. Particularmente, cuando puedo guardar a —y cuidar de— mis amigos, cuando puedo brindarles un consejo valioso y puedo estar a su lado, recibo gran bendición de parte del Señor. Además, los momentos de refrigerios con nuestros amigos nos permiten reír, compartir y ser nosotros mismos. En los tiempos de dificultad y angustia, nos cubrimos uno al otro y, con el ejemplo mutuo, crecemos en dirección a nuestro Dios.

En 1992, ocurrió un evento que marcó la historia del baloncesto mundial. En las Olimpiadas de Barcelona, se reunieron los mejores basquetbolistas de la NBA. Se trataba del famoso *Dream Team*, el equipo de ensueño[2], que incluía a Michael Jordan, Larry Bird, Magic Johnson, Charles Barkley, David Robinson, Chris Mulin, etcétera. ¡Guau! Qué lista más impresionante. Los equipos contrarios se maravillaban al jugar con ellos. Aquello no era una competencia, sino un privilegio emocionante. Era un espectáculo que demostraba la superioridad de un equipo que no tenía que esforzarse nada para ganar la mayoría de sus juegos por más de cuarenta puntos. Contra tal equipo no había estrategia que los derrotara.

Por eso es necesario que formemos nuestro equipo de manera intencionada. Un equipo balanceado que nos permita establecer parámetros de cuidado en nuestras vidas. Para ello, quiero enumerar una lista de los componentes que requieres en tu equipo. Formar un equipo como ese requiere tiempo, esfuerzo y deseos genuinos de manejarte como un hombre saludable en todo el sentido de la palabra.

FORMA TU DREAM TEAM

1. **Necesitas un Michael Jordan en tu equipo.** Michael es el miembro del equipo que hace de todo un poco. Mueve bien el balón, tiene un buen brinco, se comunica efectivamente con el grupo y, en los momentos de decisiones cruciales, puedes confiar en él para realizar la última jugada. A cinco segundos para terminar el juego, el dirigente no tenía que decir la jugada. Solo tenía que darle el balón a Jordan. Este, con nervios de acero, ejecutaba la maravillosa jugada. En tu equipo, el Jordan es ese amigo fiel que te podrá dar consejos en momentos difíciles. Te dirá lo que necesitas escuchar en el instante indicado porque tiene la habilidad, la experiencia y la valentía para actuar en los complejos momentos de la vida. Necesitamos a alguien en nuestro equipo que pueda estar preparado para cuando le hagamos el pase, de modo que pueda ejecutarlo con destreza. Además, será capaz de disfrutar los momentos de alegría con el resto del equipo puesto que se goza de nuestros triunfos con libertad. Necesitamos gente en nuestro equipo que nos ayude a ganar las batallas de la vida con su disponibilidad para bendecirnos.

2. En un buen equipo, siempre se requiere de un jugador en quien confíes y a quien le puedas lanzar el balón para que lo enceste. Necesitas un Magic Johnson. Este era el líder indiscutible de asistencias; veía la cancha como ningún otro; siempre encontraba el momento justo para realizar un pase y ayudar a que sus compañeros concretaran la anotación. En tu equipo, necesitas a alguien así, alguien que te pase el balón y que confíe en que lo vas a encestar. Este amigo es el que te anima, te levanta y te habla cuando necesitas fortaleza de Dios. Es aquel que, cuando las cosas no van bien, está a tu lado, motivándote a continuar. El que, en los momentos de alegría, se muestra como alguien confiable porque ve todo el panorama de cada situación y establece una estrategia para alcanzar la victoria como grupo. Cuando actuamos colectivamente, los planes se logran con mayor efectividad. Es muy agradable sentir que los demás confían en tus destrezas y en tu desempeño. Son ellos los amigos que afirman nuestros corazones, ya que nos muestran que admiran diversas áreas de nuestras vidas.

3. Necesitas un amigo a quien imitar por su fuerza y entrega a pesar de la adversidad. En 1990, David Robinson fue elegido novato del año; en 1991, fue mejor rebotador; en 1992, el mejor defensa; en 1993, el mejor bloqueador; en 1994, el mejor anotador y en 1995, el jugador más valioso. En ocho ocasiones, fue convocado para integrar el equipo de las estrellas de los Estados Unidos. Sin embargo, para 1999, no había podido darle a su equipo el primer campeonato de su historia. Ese año, llegó la gran promesa del baloncesto colegial: Tim Duncan, con cuyo arribo se vieron fortalecidas las esperanzas de los Spurs en cuanto a obtener el preciado galardón. Sin embargo, había un gran problema: solo podía haber una estrella en el equipo.

Durante la competencia final de 1999 de la NBA, en la que el conjunto de San Antonio peleó contra el de New York Knicks, Avery Johnson —su compañero de equipo—, declaró a los medios: "David Robinson es lo máximo en jugador con mentalidad de equipo. Es el ganador nato. Él puso su ego a un lado y se transformó en un jugador totalmente diferente para bien del equipo. Pudo haber hecho veinticinco puntos, pero ¿estaríamos donde estamos ahora? No"[3].

Ese año, Robinson tuvo el peor promedio de puntos en toda su carrera y por supuesto que los periodistas le pidieron respuestas por su rendimiento, ante lo que expresó: "Observé a mi equipo y me percaté de que necesitaba que yo actuara más como defensa y como rebotador. Para ser un equipo completo, todos no teníamos que ser anotadores. Yo pude hacerlo en algunos partidos, pero el equipo es también el de Tim Duncan. Y eso es bueno".

Necesitas en tu equipo al amigo que, cuando se enfrenta con la posibilidad de que el conjunto pierda, se levanta y toma el rol menos protagónico para lograr el campeonato de la mano de otro compañero. Esos amigos a quienes imitamos y son capaces de adaptarse en los momentos de crisis nos enseñan que podemos echar a un lado nuestro orgullo y jugar para el bien del equipo aunque no seamos los protagonistas.

4. Necesitas en tu equipo un Phil Jackson. Phil es el entrenador con más campeonatos en la NBA. Tuvo la responsabilidad de dirigir a Michael Jordan, Scottie Pippen, Kobe Bryant y Shaquille O'Neal, jugadores asombrosos y talentosos aunque complejos de tratar. Cuando tienes en tu equipo jugadores con unas destrezas tan impresionantes, lo más difícil es confrontarlos cuando se equivocan. Por eso, necesitas a alguien de más experiencia cuya confrontación te impulse a ser mejor. Proverbios 15:32 dice que aquel que ama la corrección ama su alma. Amar la corrección es necesario para seguir creciendo en Dios. Tener en tu equipo a alguien que te confronte es indispensable puesto que siempre tendremos puntos ciegos que otros verán mejor que nosotros. Además, la corrección nos permite crecer y madurar. La corrección se basa en el respeto y la admiración. El que te confronta con amor te respeta y te admira, por eso quiere verte mejor, y sabe que al corregir lo deficiente promueve tu eficiencia. Phil Jackson alcanzó once campeonatos con dos equipos diferentes y en su proceso de dirección definió líneas de ofensiva triangular que se convirtieron en estrategias de juego que todavía son utilizadas por los equipos que quieren lograr un campeonato.

5. Necesitas un discípulo en tu equipo, alguien que siga el legado de la amistad. Si algo caracterizó al *Dream Team* fue que inspiró a muchos a querer seguir sus huellas. Por eso hoy tenemos a Kobe Bryant, Kevin Durant y LeBron James, entre otros. Una nueva generación que imita los movimientos de las leyendas y los honran con su transformación. Necesitamos no solo tener amigos, sino ser los que modelen e inspiren a otros con su ejemplo. El hombre que tiene discípulos es alguien que está dispuesto a que otros lo imiten. Pablo dijo: *"Y ustedes deberían* *imitarme a mí, así como yo imito a Cristo". (1 Corintios 11:1, NTV).* Alguien que está dispuesto a decir estas palabras es capaz de vivir al nivel del compromiso que las mismas implican. En realidad, declarar eso conlleva establecer con tu vida un ejemplo que otros puedan seguir. Como Pedro escribió en 1 Pedro 5:3, *"siendo ejemplos de la grey".* Necesitamos varones que estén dispuestos a mirar a los hombres jóvenes y brindarles consejos y mentoría. Soy fruto directo de hombres de Dios que me mostraron cómo ser un joven prudente, un esposo comprometido, un padre que se preocupa por la vida espiritual de sus hijos y un pastor que ama su iglesia. Estoy sobre los hombros de hombres que me mostraron el camino con sus vidas. No solo predicaban desde el púlpito de la iglesia, sino que las puertas de su casa y de su familia siempre estuvieron abiertas para mí. Pude ver que lo que decían en la iglesia se relacionaba directamente con lo que se veía en sus hogares. Gente de verdad que vivía un evangelio real con sus errores y momentos de sabiduría. Esta dosis de realidad hizo que mirara a Dios con la esperanza de que mi familia podría vivir de una manera diferente. Por tanto, tener un discípulo es una inversión valiosa, con la que marcarás una vida y las generaciones subsiguientes.

6. Necesitas a los amigos que te confronten con su disciplina al jugar, esa que estimula la perfección en los tiros a distancia. Necesitas a Larry Bird, que con su orden impresionaba a todos y no únicamente por su precisión en los tiros de tres puntos, sino porque antes de cada juego practicaba esa clase de tiros por horas. Bird fue campeón de lanzamientos de tres puntos y ganó varios campeonatos con los Celtics de Boston en su carrera. Su disciplina lo ubicó como el mejor tirador a distancia, a pesar de que su espalda siempre fue un problema y casi no podía correr en la cancha por el dolor. Cada vez que tenía que salir del juego, no podía sentarse en el banco. Le reservaban un espacio para que se acostara boca abajo y aliviara su dolor de espalda. Con todo y eso, en sus manos había precisión. Necesitas amigos disciplinados que con precisión asuman las actitudes correctas aunque por dentro les ocasione dolor. En aquellos amigos, ves lo que les sucede y cómo enfrentan la adversidad y lo hacen con tenacidad y valentía. Son los que ves gozosos en medio de la prueba y el dolor, pero mantienen su disciplina y toman decisiones sabias. Ellos son brújulas, no termómetros. El que es como el termómetro cambia con las circunstancias; pero el que es como la brújula siempre está bien orientado, sin importar el lugar, el clima o la ubicación. Siempre apunta hacia el norte, promoviendo que las circunstancias no tienen influencia en cuanto a nuestras convicciones, ni producen cambio alguno.

7. Necesitas en tu equipo a la mejor jugadora de todas, tu esposa. Si eres casado, tu mejor amiga debe ser ella. Si eres soltero con planes de casarte, debes considerar que la persona que escojas para ello debe ser tu mejor amiga. Una relación profunda de amistad con tu novia establece el fundamento para que tengas un matrimonio que sobreviva las adaptaciones de la vida. Necesitas a tu esposa en tu equipo. No puedes tenerlo completo con ella aparte. Probablemente, tu esposa —como discutiremos en el próximo capítulo—, en diversas ocasiones, cambiará de rol y será flexible para cubrir diversas áreas en tu vida. Es como Scottie Pippen que puede realizar diversos roles y en ocasiones permanecer neutral. Hace el tiro de tres puntos cuando se necesita o el donqueo, o te hace el pase en el momento oportuno. Te edifica y te relaja y además te apoya en todo tiempo. Sabe hablar cuando lo debe hacer y callar cuando es lo conveniente. Es compañera de aventuras. Sabe reír y llorar contigo. Sus características principales son la fidelidad y el sacrificio por ti. En el próximo capítulo, discutiremos la importancia de vivir en comunión con tu esposa, a fin de que operen en un equipo bien estructurado, unido y efectivo en todos los aspectos. Mi esposa es mi mejor amiga. A los amigos uno no les esconde nada. Escuché en muchas ocasiones que a las esposas no se les puede decir todo. Sin embargo, con mucho respeto, difiero de dicha interpretación. Luego de más de veinticinco años de casado, no tengo ningún secreto con mi esposa. Vivimos con un pacto de verdad y amistad que se complementa con nuestro amor conyugal. Su amistad es tan valiosa para mí que tomo como filtro cada una de sus palabras y consejos. Cuando diferimos, lo hacemos con respeto y en múltiples ocasiones prefiero seguir su prudencia y ha sido la mejor decisión.

De esta forma, te presento el principio para diseñar tu *Dream Team*, pero en esta ocasión de amigos. Necesitamos amigos para crecer y ser transformados. Así que tu asignación directa luego de leer este capítulo es decidir con todo tu corazón confiar y escoger selectivamente tu equipo de amigos. Debes, en primer lugar, ir a la presencia de Dios y decirle que necesitas que te ayude a confiar y que te rodee de personas que te bendigan en las diversas áreas de tu vida. En segundo lugar, debes hablar con tu pareja y explicarle que quieres establecer tu *Dream Team*. Ella podrá ayudarte a seleccionar a los jugadores. Por último, conviértete en un reclutador y acércate libremente hasta aquellos que seleccionaste; explícales que quieres que sean parte de tu equipo. Además, debes ofrecerte como parte del equipo de ellos de igual forma. Cada proceso de selección es diferente y existe la posibilidad real de que te tome tiempo lograr esta asignación. No te apresures pensando que eso tiene que ser de un solo momento. Tendrás personas cerca que podrás identificar rápidamente, pero tendrás otros jugadores que Dios traerá a tu vida en el momento indicado.

Asimismo, tienes que mantener el equipo con dedicación y esfuerzo. Se requiere un corazón transparente para que esas relaciones se cultiven. Por eso nuestro mayor ejemplo fue Jesús con sus discípulos. Cristo preparó un equipo tan impresionante que, una vez que subió al cielo, sus discípulos mantuvieron su relación de amistad y amor, creciendo, madurando y predicando el evangelio a todo el mundo conocido. El ejemplo de este equipo nos marca profundamente y nos muestra que juntos somos mejores. No sigas aislado sin amigos. Recuerda que no es bueno que estés solo.

Una vez diseñado el equipo de amigos, es tiempo de ponerlo a funcionar. La clave es darles la autoridad de intervenir en tu vida con amor y edificación. Para eso, necesitas comprometerte a rendir cuentas. El libro de Santiago nos enseña: *"Confiésense los pecados unos a otros y oren los unos por los otros, para que sean sanados. La oración ferviente de una persona justa tiene mucho poder y da resultados maravillosos" (Santiago 5:16, NTV).* Necesitamos atrevernos a rendir cuentas periódicamente en cuanto a las áreas clave e importantes de nuestro diario vivir. Rendir cuentas nos ayuda a perseverar y a anclarnos a las enseñanzas de Jesús.

Pedro nos advierte en 1 Pedro 5:8: *"Sed sobrios, y velad; porque vuestro adversario el diablo, como león rugiente, anda alrededor buscando a quien devorar".* Estamos en una batalla espiritual que requiere que los soldados se comuniquen entre sí y conozcan tanto las señales del campamento como los puntos ciegos, llenos de debilidad. No hay triunfo para los llaneros solitarios. Debemos preguntarnos cómo estamos respondiendo a aquellos que sabemos que nos ayudan. La trasparencia enfoca el proceso de rendir cuentas.

Debemos hacerlo periódicamente, al menos una vez por mes, no únicamente cuando ocurra un acontecimiento o suceda algo inesperado. Es importante planear la rendición de cuentas en cuanto a las áreas clave, que son:

RELACIÓN CON DIOS
RELACIÓN MATRIMONIAL
RELACIÓN CON LOS HIJOS
UTILIZACIÓN DEL TIEMPO
UTILIZACIÓN DEL DINERO
COMPORTAMIENTO MORAL Y ÉTICO
INTEGRIDAD SEXUAL
INTEGRIDAD MINISTERIAL

Una de las principales razones por las que los hombres se meten en problemas es que no rlnden cuentas ante nadie por sus actos. Cada día, hay hombres que fracasan moral, espiritual, relacional y financieramente, no porque no quieran tener éxito, sino debido a los puntos ciegos y lo puntos débiles que —por orgullo— piensan que pueden manejar por su cuenta.

REFLEXIONA

PREGUNTAS CLAVE PARA COMPARTIR CON TU DREAM TEAM:

1. ¿Cómo te ha bendecido Dios en estos días? ¿Qué cosas buenas ocurrieron?
2. ¿Qué problema ha consumido tus pensamientos en estos días? ¿Qué cosas malas ocurrieron?
3. ¿Has leído la Palabra de Dios consistentemente? Si no, ¿por qué no? ¿Lo harás la próxima semana? ¿Qué has estado aprendiendo?
4. ¿Cómo está evolucionando tu relación con Cristo?
5. ¿Cómo has sido tentado esta semana? ¿Cómo respondiste?
6. ¿Tienes algún pecado sin confesar en tu vida?
7. ¿Cómo te va con tu esposa? (En cuanto a tiempo de calidad, conversación significativa, actitudes, intimidad, irritaciones, desilusiones, su relación con Cristo).
8. ¿Cómo te va con tus hijos? (En cuanto a cantidad y calidad de tiempo, valores, educación, bienestar espiritual.)
9. ¿Cómo andan tus finanzas? (En cuanto a deudas, compartir, ahorrar, gastar, orden).
10. ¿Cómo están las cosas en tu trabajo? (En cuanto a tu progreso, tus relaciones, tentaciones, la carga, el estrés, los problemas).
11. ¿Estás en el centro de la voluntad de Dios?
12. ¿Existe algo con lo que estés luchando en secreto?
13. ¿Es tu comportamiento moral y ético como debe ser?
14. ¿Cómo te va en cuanto al servicio a Dios y a la iglesia?
15. ¿Mentiste en alguna de las catorce preguntas anteriores?

Hay poder en la vulnerabilidad y la seguridad cuando confiamos en las capacidades de otros para amplificar las nuestras con nuestro equipo de amigos, que son los binoculares en la mochila de un hombre equipado para sobrevivir.

PRINCIPIO 5
COMUNIÓN MATRIMONIAL

EQUIPADO PARA SOBREVIVIR

*La **cantimplora** llena de agua es necesaria para tener energías y continuar el camino.* ***Génesis 2:18***

PRINCIPIO 5:

COMUNIÓN MATRIMONIAL

LA CANTIMPLORA DE AGUA

LA CANTIMPLORA LLENA DE AGUA ES NECESARIA PARA TENER ENERGÍAS Y CONTINUAR EL CAMINO.

"Le haré ayuda idónea para él".
Génesis 2:18

Dios estableció su diseño de forma muy clara cuando dijo: "Le haré ayuda idónea para él". Además, estableció que ambos serían una sola carne, un misterio tan impresionante que Dios comparó su amor por la iglesia con la comunión del amor conyugal. Vivir esta comunión matrimonial es un requisito para todo hombre casado que desee cumplir el propósito de Dios.

En mi adolescencia, me encontré con los principios de la Palabra de Dios respecto al matrimonio. Quiero explicarte esto bien. Realmente fui confrontado con los principios espirituales que comencé a recibir en la iglesia sobre lo que debía ser el matrimonio. Fui criado con la mentalidad popular de que sería más hombre al conquistar más mujeres. Recuerdo todavía las fiestas familiares en las que, desde muy pequeño, la pregunta de todos (incluyendo las mujeres) era: "¿Cuántas novias tienes?". La respuesta emocionaba dependiendo del número de novias que decía que tenía. Recuerdo una vez, a eso de los diez años, que contesté que tenía cinco novias y me dijeron: "La próxima vez que te pregunten, tienes que contestar que tienes diez".

Con esos antecedentes en mi crianza, a los trece años me enfrenté con un estándar totalmente distinto; fui sorprendido por unos parámetros que trascendían todo lo que había creído como correcto hasta ese momento. Conceptos como fidelidad, pureza, abstinencia hasta el matrimonio, comunión y amistad profunda con tu esposa captaron mi total atención. Reconocí la importancia de guardarme para la que sería mi esposa y la necesidad de orar a Dios para que preparara el corazón de mi futura esposa. Ah, eso no estaba en mi equipaje de supervivencia para nada y mucho menos en mi juventud.

Puedo decirte que esos conceptos basados en el principio de la comunión matrimonial cambiaron mi vida para siempre. Ver el ejemplo en los matrimonios de mi iglesia, en los noviazgos que se establecieron en ese tiempo y en mis pastores definitivamente me desafió a creer que esos conceptos eran reales y que estaban a mi alcance. Tuve que tomar decisiones importantes basadas en la firme convicción de que abrazar esos principios representaría una gran bendición de Dios para mi vida.

A la edad de quince años, decidí guardarme fiel, en pureza y abstinencia sexual, hasta que me casara. Recuerdo que hice un pacto con Dios y decidí que el verdadero amor es capaz de esperar. Mi reto era mantenerme firme en Dios para poder cumplirlo. Creo que, de una forma ingenua, también decidí que quería tener una sola novia y que esa sería mi esposa. Con humildad, puedo decirte que Dios honró su pacto y me enseñó que un verdadero hombre es capaz de cumplir los pactos si se acerca al Señor y reconoce su necesidad diaria de él. Hubo momentos en los cuales traté de olvidarme del pacto, pero le doy gracias a Dios que nunca se olvidó y que su misericordia me cubrió en todo momento. Gracias a la infinita gracia de Dios, logré esperar y resistir. Mi primera novia fue la única que tuve. Hoy en día, mi esposa, Jessica, es la única dueña de mi amor. Además, es la única mujer que he conocido íntimamente porque el verdadero amor es capaz de esperar.

No quiero provocar en ti sentimientos de culpa. Mi única intención es ayudar a aquellos hombres solteros a creer que pueden romper con el ciclo de machismo inconsciente en cuanto al sexo, ese que persigue nuestra sociedad. Además, quiero darles esperanza a aquellos que están casados y que cometieron algunos errores por no seguir los principios de la Palabra de Dios. Mi interés no es que pienses que jamás podrás tener un testimonio como este, que se oye tan perfecto. Realmente, es todo lo contrario. Me interesa que, en el momento que leas estas líneas, sientas el desafío espiritual de detener todo aquello que no estás haciendo conforme a los principios de Dios, de modo que comiences a tomar decisiones como un verdadero hombre de hoy en adelante.

Conocer los principios de Dios es una cosa y aplicarlos a tu vida es otra. No es algo sencillo, ya que lo primero que debes hacer es renunciar a los tuyos. Proverbios 23:7 nos enseña que así como pensamos, vivimos. Si quieres que cambie tu manera de vivir, necesitas que cambie tu manera de pensar. La manera de pensar está fundamentada en los principios que abrazamos. Por eso es necesario detenernos a reflexionar y preguntarnos: ¿cuáles son los principios que dirigen mi vida?

Ahora bien, después de que inicié mi vida matrimonial, me percaté de que todavía me faltaban muchos principios conyugales por abrazar. Tuve que realizar un nuevo pacto con Dios en cuanto a estar cerca de él y su Palabra para aprender a lidiar con mi relación matrimonial. Por eso es que quiero añadir al equipaje de tu mochila la cantimplora de agua, muy necesaria en tiempos de sed. Cuando la deshidratación se asoma en el camino, es necesario tener la provisión de agua suficiente para continuar la aventura. Sin agua, es imposible tener energías para continuar y enfrentar los retos que nos presenta el camino. La comunión íntima con nuestra esposa representa esa fuente de energía que nos refresca en el camino para proseguir con nuevas fuerzas. Obviamente, hay un detalle importante: debemos vigilar y revisar constantemente las reservas para sobrevivir la aventura. Por eso debemos detenernos en los lugares de reposo para evaluar la cantidad de comunión matrimonial (agua) que nos ayude a funcionar.

Pablo nos muestra los principios de la responsabilidad de cada hombre en su matrimonio:

> *Para los maridos, eso significa: ame cada uno a su esposa tal como Cristo amó a la iglesia. Él entregó su vida por ella a fin de hacerla santa y limpia al lavarla mediante la purificación de la palabra de Dios. Lo hizo para presentársela a sí mismo como una iglesia gloriosa, sin mancha ni arruga ni ningún otro defecto. Será, en cambio, santa e intachable. De la misma manera, el marido debe amar a su esposa como ama a su propio cuerpo. Pues un hombre que ama a su esposa en realidad demuestra que se ama a sí mismo. Nadie odia su propio cuerpo, sino que lo alimenta y lo cuida tal como Cristo lo hace por la iglesia. Y nosotros somos miembros de su cuerpo.*
>
> *Como dicen las Escrituras: 'El hombre deja a su padre y a su madre, y se une a su esposa, y los dos se convierten en uno solo'. Eso es un gran misterio, pero ilustra la manera en que Cristo y la iglesia son*

uno. Por eso les repito: cada hombre debe amar a su esposa como se ama a sí mismo, y la esposa debe respetar a su marido.
Efesios 5:25-33, *NTV*

Este pasaje siempre ha confrontado lo más interno de mi ser. Según mi experiencia, a los hombres nos gusta aprender cuando nos dicen: "Mira, es más o menos de esta forma; observa y hazlo como yo". Nos facilita mucho el proceso de aprendizaje cuando alguien lo hace primero y nos muestra un ejemplo o establece un parámetro. Desde una jugada en la cancha de baloncesto hasta una asesoría sobre cómo navegar por internet, todo se nos hace más simple cuando alguien nos muestra el camino haciéndolo. Y como Dios sabe que eso es parte de nuestro diseño varonil, estableció como primer parámetro del matrimonio que amáramos a nuestra esposa como Cristo amó a la iglesia.

El estándar no es ni cómo nos dijeron que amáramos ni cómo nos sintamos ni dependiendo de cómo nos hayan amado. ¡No! La norma para ti, hombre, es Dios, quien te dice: "Ámala como yo amé a la iglesia, al punto de entregarme por ella hasta la muerte en la cruz". Es decir, es un amor sacrificial, como el de Cristo que se entregó voluntariamente, sin egoísmo, no pensando en él, sino en el beneficio de la iglesia. Este principio confronta la visión normal de que nuestra felicidad y nuestros sueños deben estar sobre todo lo demás. Confronta también al concepto que establece que "me casé para que me hicieran feliz". Sin embargo, en Cristo es todo lo contrario: nos casamos para que, al hacer feliz al otro, vivamos el verdadero y divino gozo de la comunión matrimonial.

Es un sacrificio de amor para provocar santificación y pureza en la relación matrimonial. Es imposible purificarse y permanecer sin pureza; y esa pureza de corazón proviene de conocer la

Palabra. Por eso, Pedro nos dice en 1 Pedro 1:22: *"Habiendo purificado vuestras almas por la obediencia a la verdad, mediante el Espíritu, para el amor fraternal no fingido, amaos unos a otros entrañablemente, de corazón puro"*. Cuando un hombre está lleno de la Palabra de Dios y la vive, provoca en su esposa la dirección de Dios y es capaz de presentársela a sí mismo como una esposa gloriosa y sin mancha. Muchos hombres quieren ser reyes en sus hogares, pero no actúan con la autoridad ni la bendición para presentarse una reina llena de santidad. Eso ocurre porque no aman a la esposa como a sí mismos.

Primero necesitamos aprender a amarnos para poder amar como a nosotros mismos. Para comprender la profundidad del amor, necesitamos estar cerca de Dios como nunca, porque cerca de él entenderemos todas las dimensiones del amor. Un hombre que ama a su mujer como a sí mismo sustenta y cuida su matrimonio; es decir, le brinda protección y provisión, fortaleciendo con ello la comunión.

Cuando Dios nos conquistó con su amor sacrificial, nuestro mayor anhelo se reformuló para poder agradecerle su amor. Definitivamente, cuando un verdadero hombre conquista a su esposa con un amor sacrificial, hace que ella lo ame y sea su ayuda idónea y sienta además la satisfacción profunda de honrarlo sin reservas, puesto que la comunión matrimonial es real. Este tipo de relación crece con los años, se reenfoca periódicamente y se mantiene firme en el marco de una amistad profunda. Algo que aprendí con mis pastores fue que mi esposa es mi mejor amiga. Amiga en todo el sentido de la palabra. Mi relación no crecerá si nuestra amistad no crece. Necesitamos cultivar el terreno de nuestra amistad, por lo que no podemos dejar que las malas yerbas estorben nuestra comunión. Por eso quiero regalarte unos consejos necesarios para consolidar la relación de amistad con tu esposa en tu andar matrimonial. Salomón escribió en Cantares 2:10: *"Levántate, oh amiga mía, hermosa mía, y ven".*

Indudablemente, tu mejor amiga debe ser tu esposa. A menudo he escuchado el mito de que las esposas no deben conocer todo de su esposo. Que existen cosas que no se deben decir. Con toda certeza puedo decirte que esto es un error. Cuando un matrimonio se fundamenta en la amistad, todo funciona como un equipo en el que ambos se ayudan mutuamente, sueñan juntos y levantan una familia en unidad.

Es imposible tener un matrimonio duradero si no se cultiva la amistad y se trabaja en equipo. Aprendí que el equipo gana o pierde en conjunto. Los equipos más exitosos no son los que son iguales, sino los que toman sus diferencias y las convierten en fortalezas. Como vimos en el capítulo anterior sobre los amigos, tu esposa se convierte en una ayuda indispensable de tu equipo y asume un rol protagónico en diversas áreas de tu vida. Ahora bien, para lograr esa comunión matrimonial, es importante lo siguiente:

1. **Una adaptación efectiva.** Hablando en términos ambientalistas, el ecosistema que sobrevive a pesar de la adversidad es aquel que tiene una gran capacidad de adaptación. Los verdaderos amigos se adaptan; conocen sus vulnerabilidades y sus fortalezas, y tratan con ellas en un proceso de misericordia y verdad. Actúan en beneficio del otro: "Me adapto porque estoy dispuesto a amar pese a las diferencias porque entiendo que me hacen crecer". Mi esposa, Jessica, y yo somos muy diferentes. Fuimos criados en hogares con formas de crianza totalmente disímiles. Al comienzo de nuestro matrimonio, eso provocó muchas discusiones y argumentos. Hasta que

decidimos comenzar a adaptarnos, hablar sobre lo que pensábamos respecto a cualquier situación, mirar con detenimiento qué había funcionado en mi crianza o en la de ella y establecer entonces cómo levantaríamos nuestra familia. Esa adaptación no es color de rosa. Tiene sus procesos en los que necesitamos asumir una actitud de humildad por amor a nuestra amistad. Además, el respeto mutuo es la base de la adaptación. Somos diferentes. No luches contra eso. Utilízalo como parte de la bendición. Son perspectivas distintas a favor de un bien común. La forma en la que tu esposa ve los procesos que ocurren en el matrimonio te muestra aspectos que desconoces y viceversa. Por tanto, nos ayudamos mutuamente a ver los puntos ciegos que jamás captaríamos.

2. Saber que el amor no exige, sino propone. Nuestra esposa es quien más sabe qué cosas necesitamos cambiar, mejorar y poner en orden. Un matrimonio que cultiva la amistad con respeto y misericordia se propone cambios. Nadie puede obligar a otro a cambiar. A menudo vienen a mi oficina tanto hombres como mujeres diciéndome: "Por favor, pastor, haga que mi pareja cambie". Mi contestación siempre es la misma: "El que no quiere no puede cambiar". Necesitamos anhelar el cambio. Cuando eso hacemos, Dios nos ayuda. Ni siquiera él nos obliga a cambiar. Sencillamente nos propone cambios porque nos ama. Esa debe ser la forma en la que le propongamos los cambios a nuestra esposa. Primero, nos disponemos a recibir las propuestas de ella para los cambios que necesitamos realizar nosotros y tener voluntad, como hombres de pacto, para comprometernos con aquellos. Entonces estaremos listos para proponerle los cambios a nuestra esposa, reconociendo que todos estamos en un proceso de crecimiento y que lo que propongamos será visto en un proceso que tomará tiempo, en algunos casos. Ese amor que propone debe ser capaz de esperar, orar y confiar, de manera que puedan disfrutar de los cambios. Quiero aclarar que estamos hablando de cambios corrientes que cada matrimonio experimenta por las condiciones normales de la adaptación. Si se tratara de una conducta que afecta negativamente al punto que provoca daño físico o emocional, es necesario tomar las acciones pertinentes porque *"a paz nos llamó Dios" (1 Corintios 7:15).*

3. Somos compañeros de viaje. Soñamos juntos. Nuestras metas ya no son individuales. Tenemos objetivos como amigos, como esposos y como padres. Caminar juntos es un gran desafío y requiere armonía. Podemos tener los mejores instrumentos del mundo en una orquesta, pero, si no están afinados en la misma escala, es imposible que puedan tocar una pieza musical juntos. El mejor concierto de un matrimonio es cuando su amistad les permite armonizar sus procesos a través de la vida. Es necesario evaluar con regularidad las metas propuestas, los logros, los fracasos, lo que debemos manejar, lo que debemos eliminar y lo que debemos añadir. Además, debemos evaluar nuestras proyecciones juntos en cuanto al llamado de Dios a nosotros como familia. ¿Estamos haciendo en este tiempo lo que Dios anhela de nosotros? ¿Estamos cumpliendo juntos el llamado de Dios? A los seis meses de casados, comenzamos nuestra jornada como pastores de la Iglesia Catacumba de Cayey, Puerto Rico. Llevamos veinticuatro años pastoreando esta hermosa y amada iglesia; y siempre, cada seis meses, evaluamos nuestra misión pastoral para saber cómo hemos manejado los cambios radicales en cuanto a procesos y expectativas.

Nosotros los hombres somos bastante rutinarios, por eso te recomiendo que periódicamente te detengas, evalúes la jornada con tu esposa y repasen en qué punto están y hacia dónde van.

4. Usemos palabras de afirmación. A los matrimonios que atiendo en mi oficina pastoral casi siempre les pido que realicen una asignación. Que tomen un papel en blanco y escriban, en un lado, las cosas que más les gustan de su cónyuge y, en el otro, las que no les gustan. En la mayoría de los casos, el lado del papel que más llenan es el de las cosas que no les gustan, mientras que en el de las cosas que les gustan lo que más anotan son sinónimos. Estamos tan acostumbrados a pensar en lo que no nos gusta y lo mencionamos a menudo de tal forma que no nos damos cuenta de que se nos olvida compartir con nuestra esposa palabras que afirmen su corazón. El mito masculino que siempre escucho es: "Pastor, pero ella lo sabe. Ella sabe que la amo y que es buena". Partir de esta premisa es un error muy común. Nuestra esposa necesita escuchar palabras de bendición y de afirmación que le muestren periódicamente nuestro afecto y nuestro amor. Un verdadero hombre no se cansa de conquistar el corazón de su esposa. Los detalles positivos guardan el corazón de nuestra esposa y le permiten sentirse confiada en la relación de amistad que tenemos. Además, eso nos ayuda a alimentar el proceso de edificación entre nosotros. Agradecer con regularidad, elogiar, admirar y reconocer lo que nuestra esposa hace por nuestra relación nos solidifica profundamente.

5. Debemos usar tiempo de calidad. Es necesario ser balanceado con el tiempo. Los días pasan demasiado rápido y, muchas veces, no nos damos cuenta de la necesidad que tenemos de tomar tiempo valioso. El exceso de trabajo para pagar deudas grandes que, en ocasiones, no son necesarias nos roba tiempo de calidad. El agotamiento físico y mental nos roban esos momentos que se podrían convertir en tiempos de comunión matrimonial. Es necesario reevaluar nuestros compromisos económicos, nuestras prioridades y nuestras decisiones. A veces esperamos a que nos toque la puerta la crisis, la enfermedad o una apremiante necesidad económica para darnos cuenta de lo que realmente tiene valor en la vida. Sin tiempo de calidad, sin tiempo valioso, dejamos de conocernos y solo somos un matrimonio que comparte un techo, las cuentas y los hijos. Necesitamos lapsos periódicos para conversar y tener descanso en la comunión. Necesitamos ejercer acciones firmes en cuanto a tener tiempo para vacacionar como familia pero también como esposos. Una de las preguntas que les hago a los matrimonios que llegan a mi oficina es: "¿Hace cuánto tiempo no salen de vacaciones solos, sin niños, amigos o familiares?". Las respuestas son directamente proporcionales. Es decir, si hay una amistad saludable en la relación, al menos una vez al año toman un tiempo solos. Lamentablemente, en la mayoría de los casos, llevan años sin vacacionar solos. Al escuchar la pregunta, algunos hasta se dan cuenta de que no han pasado tiempo solos desde la luna de miel, aunque tengan veinte años de casados. Así que necesitas tiempo con tu esposa para conocerla y para que ella te conozca. Cada momento que pasa es crucial. Somos seres humanos cambiantes; lo que nos gustaba hace diez años probablemente ya no nos agrade y eso es necesario compartirlo en tiempos de comunión matrimonial. Crecí viendo matrimonios que podían ir en su carro un trayecto de tres horas sin cruzar una sola palabra. Es tiempo de revisar la calidad del tiempo en común con nuestra mejor amiga. Compartir una buena lectura, un paseo en la playa, una película, un evento que disfrutemos ambos. Para ello, necesitamos conocernos y anhelar ese tiempo.

6. Tenemos que tratar los conflictos con sabiduría. La razón principal por la que los matrimonios destrozan la comunión es por los conflictos que experimentan. Cuando las discusiones son la norma y los conflictos se manejan desde las perspectivas de la ira, la indiferencia, el ataque o el menosprecio, se socava el edificio matrimonial que intentamos construir. La comunión matrimonial se fractura cuando nos herimos periódicamente y no establecemos parámetros para lidiar con nuestras diferencias. Por ello, debemos llenarnos de Dios y los principios de su Palabra para restablecer la comunión matrimonial en esta área. En primer lugar, este principio me lo enseñó mi amada esposa: si tu esposa te dice que la ofendiste, no defiendas más el argumento. Mejor pide perdón y reconoce que si se sintió ofendida, su ofensa es real aunque no haya sido tu intención ofenderla. Establece que cuando tengan algún conflicto, no se atacarán el uno al otro, sino a la situación. Es decir, una frase del diálogo puede ser: "Esta situación hizo que me sintiera de esta manera". Es muy diferente a cuando atacamos y decimos: "Es que tú siempre me...". Si nos atacamos continuamente, no resolveremos el conflicto nunca. Al contrario, nos heriremos más; y eso nos impide poder continuar creciendo en comunión. Además, es necesario establecer que *"no se ponga el sol sobre vuestro enojo" (Efesios 4:26)*. Así que, no dejen que pase el tiempo sin resolver un asunto. No es sabio dejar los conflictos sin resolver. Muchas veces, he escuchado la frase que dice que para pelear se necesitan dos, pero se les olvida que para resolver un conflicto también hace falta que dos se pongan de acuerdo. La técnica de evadir no es sabia puesto que amplía los conflictos. Sé sabio y toma el tiempo para manejar el conflicto en persona, no por medio de mensajes de texto ni llamadas telefónicas y, obviamente, no frente a tus hijos ya que eso extiende el conflicto en la comunión del hogar.

7. Hay que envejecer juntos como amigos. Esto significa que hay que entender que el matrimonio tiene diversas etapas. Cada una de ellas requiere de madurez para manejar diversas circunstancias. Cuando nos casamos, declaramos que estaremos unidos en la salud y en la enfermedad, pero no es hasta que nos enfrentamos a un diagnóstico grave que nos damos cuenta de lo importante que es ser hombres maduros para envejecer con honra al lado de nuestra esposa. La salud de nuestra esposa es algo que necesitamos tener como prioridad para actuar de forma pertinente en cuanto a su cuidado. Cuando las etapas cambian, necesitamos tomar el tiempo para volver a adaptarnos. Reformular las prioridades y establecer nuevas metas es necesario en las diversas estaciones de la vida.

8. Debemos buscar ayuda para tener herramientas. A la mayoría de los hombres no les agrada buscar ayuda para casi nada en la vida. Nos gusta demostrar que podemos solos. Por ende, buscar ayuda para las circunstancias matrimoniales es algo que se ve como complicado. La capacidad de reconocer la necesidad de buscar ayuda muestra que tenemos el carácter para admitir que podemos aprender de otros. Paulo Freire[1] escribió: "Todos sabemos algo. Todos ignoramos algo. Por eso aprendemos siempre". Me fascina esta cita porque establece que nuestra actitud debe ser querer aprender. Salomón escribió en Proverbios 9:9-11: "Da al sabio, y será más sabio; enseña al justo, y aumentará su saber". Así que si recibimos la enseñanza, aumentará nuestra sabiduría. Tomar la decisión de buscar ayuda es algo que siempre está en el corazón de las mujeres. Por eso necesitamos ser sabios y entender que deberíamos dejarnos dirigir por este argumento puesto que es de gran bendición cuando tenemos un árbitro en el proceso de ayuda. La labor del árbitro, cuando se juega un deporte, es brindarle funcionalidad a los principios y reglas del deporte que se practica. Cuando buscamos ayuda, obtenemos herramientas para continuar manejando nuestra comunión matrimonial de una manera efectiva. Para mí, ha sido de mucha bendición que, aun después de veinticinco años de casados y veinticuatro como pastor, mi esposa y yo todavía nos sentamos a la mesa de la sabiduría de nuestros pastores para que su consejo nos brinde dirección. Es un refrigerio cuando tenemos esos momentos de edificación que nos ayudan a profundizar en nuestra amistad.

He aquí que tú eres hermosa, amiga mía;
He aquí eres bella; tus ojos son como palomas.
He aquí que tú eres hermoso, amado mío, y dulce;
Nuestro lecho es de flores.
Las vigas de nuestra casa son de cedro,
Y de ciprés los artesonados.

Cantares 1:15-17

La principal columna de nuestra relación matrimonial debe ser la amistad. La amistad como la describe Cantares es pertenencia y comunión. La amistad profunda hace que las relaciones crezcan, sean transformadas y sobrepasen momentos difíciles. El hombre valora mucho la amistad, pero, como nos dice Cantares, debe valorar, sobre todas, la amistad de su esposa. La mujer debe profundizar en busca de la intimidad en la amistad con su esposo para sentirse conocida a plenitud y amada.

La admiración entre ambos es necesaria para que la amistad se traduzca en unidad. Cuando nos admiramos y actuamos en unidad, hacemos frente a nuestras diferencias. Además, entendemos que podemos utilizar las que nos distinguen en carácter, personalidad y enfoques para beneficio del matrimonio y no para su destrucción.

Entonces el lecho se define como intimidad y se convierte en un lugar de frutos, deleite, plenitud y verdadera intimidad. Que nuestro lecho es de flores significa que debemos entender que esas flores se pueden marchitar si no tenemos el cuidado de velar por nuestra comunión en todos los sentidos. Es necesario un lecho renovable, fresco y cercano a la presencia de Dios. Cuando estamos cerca de la presencia de Dios como matrimonio, nuestras vigas son de cedro. El cedro puede vivir más de dos mil años; es un árbol de especie conífera que tiene hojas de tipo perennes, lo cual significa que su hoja no cae y siempre está lista para producir alimento. Resiste los vientos más severos y es fuerte y flexible para resistir los tiempos de crisis. Los artesonados son de ciprés, otro árbol de especie conífera que se expresa con fortaleza y flexibilidad pero también con la decoración más imponente e impresionante en términos de belleza y ornato. Con esto en nuestra relación matrimonial podemos aplicar los principios espirituales que nos ayudan a mantenernos en comunión.

Además, cuando estemos sedientos en el camino, la comunión con nuestra esposa será un refrigerio tal como el agua lo sería a un caminante desgastado por el sol o por lo inestable del camino. Que tu relación matrimonial siempre tenga las reservas adecuadas para la aventura que has decidido emprender.

REFLEXIONA

1. ¿Cuáles son las evidencias de que estoy viviendo en comunión matrimonial?

2. ¿Es mi esposa mi compañera de aventuras?

3. ¿Qué puedo hacer para velar y mejorar mi comunión matrimonial?

PRINCIPIO 6
LA PATERNIDAD

EQUIPADO PARA SOBREVIVIR

*La **soga** nos permite ajustar la vida de nuestros hijos a la nuestra.* ***1 Crónicas 28:9***

PRINCIPIO 6:
LA PATERNIDAD
LAS SOGAS

LAS SOGAS NOS PERMITEN AJUSTAR LA VIDA DE NUESTROS HIJOS A LA NUESTRA.

"[David le dijo a Salomón:] 'Hijo mío, reconoce al Dios de tu Padre'".
1 Crónicas 28:9

Alguien dijo una vez que cuando te conviertes en padre, te cambia la vida para siempre. Tus ideas cambian. La forma de ver la vida cambia. La manera de expresar tus sentimientos y las metas de vida se reformulan. Sin embargo, lamentablemente para algunos hombres, eso nunca ocurrió. No necesariamente todos los que se convirtieron en padres dejaron que ese momento los transformara, provocando que vieran la vida de una forma diferente. Siguieron actuando como siempre. Los planes continuaron en el mismo lugar. El padre tiene que creer que es tal cosa y, por ende, las implicaciones de tan honrosa condición.

Cuando hablamos del tema de la paternidad, es medular establecer que existen extremos en el proceso de crianza. Tener la sabiduría de hacer un balance en la paternidad es un asunto bastante complejo. Los trasfondos y patrones familiares juegan un papel determinante a la hora de establecer el modo en que funcionaremos como padres. La gran mayoría no le pone mucha atención al proceso de la crianza. Terminan cometiendo los mismos errores que sus padres. En algunos casos, hasta sobrepasan los errores de los patrones establecidos en su hogar de crianza.

Diversos expertos han puntualizado que la experiencia que hemos tenido en nuestro hogar modifica considerablemente nuestro enfoque a la hora de criar a nuestros hijos e hijas. Puede que repitamos los patrones o que nos movamos hacia el extremo opuesto cuando nos internamos en el proceso de la paternidad. Podemos señalar que existen padres amorosos, de sentimientos profundos con sus hijos, y también padres alejados y fríos con respecto a ellos.

Los hijos de padres con una crianza estricta, llena de restricciones en cuanto a casi todo, pueden hasta recordar que en algún momento de su crianza dijeron frases como: "Cuando sea padre, nunca le haré esto a mis hijos". Cuando esas palabras salieron de tu boca, estabas convencido de que recordarías ese día profundamente. Sin embargo, algunos podrán confesar que eso no les ayudó a concretar lo que pensaban, pues hubo ocasiones en las que cometieron los mismos errores en la crianza de sus propios hijos.

Cuando observamos con detenimiento aquellos hogares donde se aplicaban reglas inflexibles, nos encontramos con padres tratando a sus hijos con más severidad y maltrato que el que ellos sufrieron. Las razones para eso pueden ser varias, pero el patrón de maltrato usualmente se copia de generación en generación. El hogar en el que normalmente todo se contestaba con "No" produjo una herida profunda que provocó distanciamiento de las figuras paternas en la adultez. A su vez, produjo la perspectiva de que jamás diría

"NO" a lo que sus hijos pidieran, como forma de compensar la herida que sufrieron en su crianza. Ambas posiciones son caras de la moneda del maltrato familiar. Por un lado, se crían perpetradores y abusadores; por otro, se crían padres que no saben imponer límites, disciplina y corrección. El resultado es el mismo: no saben disciplinar con amor.

Los hijos de padres que en vez de ser estrictos se fueron al otro extremo —el de permitirles a sus hijos hacer, tener y manipular todas las cosas que quisieran— son los que, por lo general, dicen: "Lo que mis hijos quieran, lo van a tener porque yo nunca lo tuve". Este tipo de padre nunca muestra un "No" como respuesta puesto que en su crianza le restringieron todo y su percepción es que nunca le dieron nada. Quieren ofrecer todo lo que siempre anhelaron y no recibieron. Aunque este planteamiento tiene buenas intenciones en sí mismo, cabe señalar que cuando no se determinan parámetros estables de crianza que ponderen tanto las medidas de flexibilidad como las restricciones, se comete una gran imprudencia.

La falta de balance en los patrones de crianza puede socavar el carácter y el corazón de nuestros hijos. Esto debido a que no los estamos preparando para que afronten con madurez las instancias de la vida que no podrán manipular ni mover en la dirección que deseen. Además, tenemos la responsabilidad de prepararlos para funcionar en su hogar futuro. Prepararlos para la vida, la cual en ocasiones puede tornarse restrictiva. Prepararlos para convertirse en hombres y mujeres de bien, con carácter e integridad.

Sabemos que algunos padres, como fueron heridos en su crianza, no han abierto su corazón a un proceso de sanidad, por lo que son capaces de herir a sus hijos. Aunque dicen que no quieren ser como sus padres, terminan siendo iguales o peores porque el ciclo del maltrato aumenta cuando no hay sanidad. Dado que fueron maltratados, justifican ser impulsivos con sus hijos y dañar sus corazones. Son hombres cuya formación de carácter fue maltratada por las heridas que recibieron y que se transformaron en un deseo fútil de querer seguir viviendo para sí mismos. Eso es lo que Pablo le explicó a Timoteo que ocurriría en los últimos tiempos. Que habría hombres amadores de sí mismos, y de los deleites, antes que amadores de Dios y sus principios (2 Timoteo 3:1-2). Hombres que distorsionarían sus metas porque las centrarían en sueños egoístas. Abrazarían visiones llenas de inmadurez, con una contradicción permanente entre lo que dirán y lo que harán. Padres biológicos que no darán el salto a la paternidad madura, que mostrarán con su ejemplo y transformación que pueden marcar un legado en la vida de sus hijos.

Ahora bien, ¿cómo manejamos esta realidad? En primer lugar, tengo palabras de aliento para ti. Todos hemos sido heridos en nuestra crianza. Nadie ha tenido padres perfectos; por ende, todos necesitamos SANAR. Quienes fueron heridos de forma estricta —con maltrato físico, emocional o psicológico— cargan en su corazón una herida tan profunda que la ocultan bajo la vergüenza. Tratan de compensarla permitiéndoles a sus hijos que hagan todo lo que ellos no pudieron hacer o, por el contrario, pueden repetir la historia de maltrato con sus hijos. Los que sufrieron la ausencia paterna, ya sea física o emocional, también necesitan sanar las heridas de la falta de dirección y afirmación que nos permite ser funcionales en diversas instancias de la vida. Quienes tuvieron un hogar en el que les permitieron todo, sin restricciones, también necesitan sanar las heridas de un carácter con necesidades de formación para afrontar los "No" de la vida.

Es lamentable, pero, como regla general, alguien herido hiere. Alguien maltratado maltrata. Es necesario romper ese ciclo, dejando que Dios sane nuestros corazones. Como hombres, hemos sido heridos en la crianza y ejecutamos nuestra paternidad al amparo de esas heridas. Si no actúas de inmediato, herirás a aquellas personas que menos quieres herir. Por más que quieras huir de esta responsabilidad, no puedes, pues aun cuando decidas huir, sigues siendo padre. Aun cuando decidas callar, sigues siendo padre. Aun cuando decidas hablar, sigues siendo padre. No te puedes desprender de tu responsabilidad de padre. Esa responsabilidad no puede ser rechazada ni desechada. No te puedes desvestir de esa responsabilidad, pues aun cuando te trates de desvestir de ella, tu desnudez hablará de tu paternidad.

A mis catorce años, llegó a mis manos un libro de Floyd McClung[1] llamado *El corazón paternal de Dios*. Al leerlo, aprendí que Dios anhelaba que mis padres me enseñaran su camino con cierto equilibrio entre lo que decían y lo que hacían. Me enseñó que la voluntad de Dios era que tuviera una familia que lo representara a él. A su vez, me enseñó que si no tenía una familia como la que Dios diseñó, tenía la responsabilidad, como su discípulo, de traer su diseño espiritual a mi casa.

Quiero explicarte esto con un ejemplo. Es como si el mejor arquitecto del mundo hubiese diseñado los planos para la casa de tus padres. Pero estos decidieron no construirla de acuerdo a esos planos. Una vez construida, cuando el arquitecto vino a revisarla, se dio cuenta de que los constructores no siguieron sus instrucciones. En ese momento, el arquitecto te mira a los ojos y te dice, como heredero de la casa: "Heredero, tienes que volverla a construir de acuerdo al diseño que establecí para ustedes como familia. Mi propósito como arquitecto es que mi diseño se ejecute, pero los que recibieron el plano que diseñé no fueron diligentes ni se esforzaron por realizarlo. Ni siquiera quisieron consultarme para que les explicara el diseño. Lamentablemente, lo hicieron a su forma. Establecieron sus propios parámetros. Esto provocará que tengas el diseño del mejor arquitecto para tus hijos".

Aprendí que Dios, como arquitecto supremo, puso el fundamento. Ahora me toca velar como sobreedifico. Como escribió Pablo:

> *Conforme a la gracia de Dios que me ha sido dada, yo como perito arquitecto puse el fundamento, y otro edifica encima; pero cada uno mire cómo sobreedifica. Porque nadie puede poner otro fundamento que el que está puesto, el cual es Jesucristo.*
>
> ***1 Corintios 3:10 -11***

Dios había llenado mi vida, y me había confiado nuevamente su diseño celestial. Un diseño hecho a su imagen y semejanza contenido en la libertad y la verdad de su Palabra. Por ende, el primer lugar en que tenía que demostrar esta verdad viva era mi hogar.

Hoy en día, en mi hogar, con mi esposa y mis hijos, veo los frutos de aquella decisión en mi juventud. Marqué la vida de mis padres al mostrarles el amor de Dios. Marqué la vida de mis hijos porque desde que nacieron los cubrí de experiencias y expresiones que nunca recibí de mis padres pero que pude darles gracias a un corazón sanado.

Quizás leas este relato y pienses que será algo complejo para ti, que no podrás lograrlo, pero te aseguro que podrás con la fortaleza de Dios en ti. El perdonar a los que te criaron, o a los que no estuvieron en tus procesos de crianza, te hará libre para vivir sano. Si tus padres fallecieron, no pienses que es tarde, aunque ya no estén contigo. Ve a la presencia de Dios y dile:

Señor Jesús, quiero perdonar a mis padres o a aquellos que me criaron y me formaron. Hubiera anhelado que me enseñaran tus caminos y que no me hubiesen herido, pero lamentablemente no fue así. Por eso te entrego mis heridas y decido perdonar a todos los que me hirieron. Ayúdame a comenzar un proceso de sanidad para no herir a los que amo. Te pido perdón y te ruego que me cubras con tu gracia y tu amor para amar y ayudar a la sanidad de los que he herido.

Si estás leyendo esto y pensando que has herido a mucha gente, incluyendo a tus hijos, es tiempo de pedirles perdón. Te exhorto a que te comportes como un hombre de verdad y vayas a donde todos aquellos que necesites ir y les pidas perdón. Muéstrales una dirección diferente. Aunque tus hijos sean mayores de edad o ya no vivan contigo. Debes buscarlos, reunirte con cada uno individualmente y pedirles perdón por las heridas que tengan en sus corazones y que fueron provocadas por ti. Recibir de un padre una sincera palabra de perdón es algo que no tiene precio. Te desafío a que lo hagas y marques para bien los corazones de tus hijos.

Para aquellos que están criando en este momento, es tiempo de añadir a tu mochila las sogas para asumir tu paternidad. Ellas sirven como soporte para llevar a tu hijo(a) a la aventura y tener el tiempo para experimentar juntos cada etapa como padre e hijo(a). Con las sogas, puedes ajustar el corazón de tu hijo(a) al tuyo, mediante la gracia y la dirección de Dios, para que pueda seguirte en el proceso de tu aventura. David le dijo a su hijo Salomón: *"Hijo mío, reconoce al Dios de tu padre".* Es decir, lo que has visto en mí —la manera en que sirvo a Dios, cómo vivo para él y cómo actúo según su enfoque para mi vida— es lo que quiero para ti, mi hijo(a). Debes brindarles a tus hijos(as), sobre todas las cosas, el carácter para manejar cualquier situación en la vida. Por ende, necesitas ser un padre que asuma las responsabilidades de su paternidad espiritual. El padre espiritual es equilibrado y tiene la sabiduría para corregir e instruir en amor. Ahora bien, ¿cómo puedo ser un padre sabio para corregir, dirigir y bendecir la vida de mis hijos(as)?

Mantente pidiéndole a Dios que te dé sabiduría para actuar como un padre que dirija a sus hijos(as) espiritualmente. Al conocer a Dios como Padre, comprendemos la importancia del legado que dejamos en los corazones de nuestros hijos para que vivan con intensidad y propósito. Es necesario entender que necesitamos su sabiduría porque el propósito de Dios para nuestros hijos(as) nació en su corazón y solamente él puede guiarnos. Dios los creó para la gloria y la alabanza de su nombre. Instruir a un hijo(a) en el camino de Dios requiere que entendamos que son suyos, no nuestros, y tenemos la responsabilidad ante Dios de marcarlos con el legado de Dios para sus vidas.

Evalúa las actitudes de tus hijos(as). Observando cómo se comportan y cuánto respeto, integridad, servicio y amor les muestran a los de su casa. Recuerda que eres el que guarda el corazón de tu hijo(a). Malaquías 4:6 nos dice que el corazón de tu hijo(a) se convertirá a ti: *"Sus predicaciones harán volver el corazón de los padres hacia sus hijos y el corazón de los hijos hacia sus padres" (Malaquías 4:6, NTV).* Eso significa que tienes que evaluar sus procesos y sus acciones intencionadamente con amor de modo que puedas brindarles la dirección y los consejos necesarios para que sean, en el futuro, hombres y mujeres de carácter auténtico con propósitos definidos. Además, que esto les sirva para llevar una vida de éxitos verdaderos, no superficiales que terminen dirigiéndolos a una existencia sin sentido y materialista.

Procura ser ejemplo con tus actitudes y acciones. Mi padre me ha dado consejos significativos que han sido de bendición, pero, sin temor a equivocarme, puedo decirte que muchos buenos consejos que me brindó no los mostró con su ejemplo. Por eso, nunca debes dar un consejo que no estés dispuesto a demostrar con tu vida. Eso marca los corazones de tus hijos(as), ya que esperan que aquel que es portavoz de un estándar también esté dispuesto a cumplirlo. En las instrucciones de salvamento aéreo, cuando se presenta una emergencia en la que la cabina se despresuriza, el principio es claro y simple: al desprenderse frente a ti la mascarilla de oxígeno, debes colocártela primero tú para luego ayudar a tu hijo(a) a colocarse la suya. Eso permite que no tengas la vista nublada y puedas ayudar correctamente al que está a tu lado. Es decir, primero aplica el principio a tu vida para que tengas verdadera autoridad cuando les indiques a tus hijos(as) el rumbo.

Participa activamente de la disciplina de tus hijos(as). En el transcurso de mi pastorado, he encontrado padres que no quieren corregir ni disciplinar a sus hijos(as). Les dejan toda la carga a las madres. Eso no debe ser así. Ya discutimos la importancia de que como esposo trabajes en equipo con tu esposa. Eso implica el proceso de corregir y disciplinar con amor. Hombres que me han dicho: "Es que casi no los veo y tener que corregirlos... no puedo. Se me hace difícil". Otros me han comentado: "Es que no me van a querer por estar corrigiéndolos". Esa posición es complicada, pero quiero que sepas que Dios dice que el padre que ama a su hijo(a) lo disciplina, ya que al principio ninguna disciplina es motivo de alegría, sino de tristeza, pero después esa semilla de corrección produce frutos de bendición. *"Ninguna disciplina resulta agradable a la hora de recibirla. Al contrario, ¡es dolorosa! Pero después, produce la apacible cosecha de una vida recta para los que han sido entrenados por ella" (Hebreos 12:11, NTV).* Debes vencer el sentimiento de culpa paternal por no verlos y asumir tu paternidad con seriedad y equilibrio. Además, es necesario que puedas ayudar a tu esposa en este proceso porque eso representa para ella una carga doble. Ambos necesitan establecer los parámetros disciplinarios y tú, como responsable ante Dios, necesitas accionarlos con determinación. Son muchas las madres que vemos cargadas por todo el proceso disciplinario de sus hijos(as) y los padres permanecen sin intervenir ni ayudarlas. Esas madres se drenan y hasta pierden mucha de su ternura, convirtiéndose en mujeres con actitud fuerte y con mucha tristeza, puesto que acarrean el peso completo de la disciplina del hogar. Es tiempo de que los hombres trabajen en equipo en esta área. Te desafío a que no seas un padre ausente. Hay padres ausentes físicamente, pero hay otros ausentes emocional y espiritualmente, que no brindan apoyo, dirección y balance al hogar que desesperadamente necesita que ambos —hombre y mujer— se complementen como padres en equipo.

Entiende que estás marcando el corazón de tus hijos para la eternidad. Cada momento disciplinario les muestra cuánto los amas, si lo haces correctamente. Además, ese momento de corrección les muestra cuánto los ama Dios, cuya Palabra nos enseña que Dios *"disciplina a los que ama y castiga a todo el que recibe como hijo" (Hebreos 12:6, NTV).* En nuestro caminar por la vida, somos la primera imagen de Dios para nuestros hijos y eso representa una enorme responsabilidad. Yo tengo tres varones (hijos preciosos a quienes dedico este libro), Joshua

Misael, Caleb Daniel y Jeriel David. Aprendí de mis pastores que, para corregir a mis hijos, necesito tomarme el tiempo y hacerlo sin furia ni molestia en mi corazón, ya que eso los marca para la eternidad. Cuando mis hijos cometen alguna falta, es momento de iniciar un protocolo de corrección. No pretendo ni creo que lo haga perfecto. He cometido errores en ocasiones por los que tuve que pedirles perdón a mis hijos. Ahora bien, es importante que no los corrijas con ira ni con la intención de castigar. Debes entender que de esa manera no solo marcas su presente, sino también su futuro y el de las próximas generaciones. Tengo que ser transparente contigo: este protocolo no lo aprendí en mi hogar; ha sido fruto del estudio de la Palabra de Dios, el ejemplo de mis pastores y la dirección de mi esposa, Jessica. Ella ha jugado un papel determinante para calibrar y afinar todo el proceso cuando corregimos a nuestros hijos. Siempre me ayuda a evaluar cómo hacerlo mejor; si fuimos muy severos, muy permisivos o balanceados. Si la corrección es proporcional a la falta o no. No pretendo establecer que esa sea la única forma, pero me parece bastante equilibrada. La corrección implica todo un proceso de amor con el propósito de que nuestros hijos sean mejores y que sus corazones sean agradables a Dios. Cuando Dios nos disciplina, nos muestra que lo más importante no es lo externo, ni siquiera nuestra conducta, sino las intenciones profundas de nuestros corazones. De la misma manera, lo más importante en la corrección de nuestros hijos debe ser que sus corazones estén alineados con los mandamientos de Dios. Es pastorear sus corazones. No es establecer un millón de reglas coercitivas que mejoren la conducta sin ir a la profundidad de su identidad y su carácter.

Te regalo cuatro principios a fin de que te equipes para tu tarea paterna:

1. Ámalos con intensidad, sé amoroso y expresa tus sentimientos y tu amor por ellos de forma periódica. Esto es muy interesante ya que los hombres somos exageradamente expresivos cuando nuestro equipo o nuestro deportista favorito gana. ¿Te has puesto a observar lo efusivos que podemos ser cuando participamos de ese tipo de experiencias? ¡Guau! Nos damos la mano fuertemente, nos abrazamos y somos capaces de besarnos... sí, hasta de besarnos, de llorar de alegría y de celebrar con desconocidos como si los conociéramos de siempre. Debes utilizar cada momento para mostrarles intensidad a tus hijos(as), con expresiones de afecto que los afirmen y les muestren la seguridad de tu amor por ellos. Sé intencionado y no pierdas ningún momento, porque cada instante cuenta y el tiempo pasa muy rápido. Haz de cada día una fiesta de amor y cariños en tu hogar. Los hijos a quienes se les muestra mucho amor entienden la profundidad de la corrección.

2. Establece los parámetros con anterioridad; que tus hijos sepan claramente cuáles son los parámetros que deben seguir. Para ello, te obsequio una enseñanza que me regaló mi esposa, Jessica. Toma tiempo diariamente con tus hijos(as) para compartirles sobre la Palabra de Dios. En nuestro hogar, oramos todas las noches antes de acostarnos y, en la mayoría de las ocasiones, tenemos algún tema o historia bíblica para compartir con ellos. Ahora bien, es necesario que ese tema sea pertinente para ellos y que esté asociado a lo que ocurre con ellos a diario. En este último mes, les hablamos sobre la mentira, acerca del servicio de cada uno a su hermano, en cuanto al egoísmo cuando jugaban juntos y respecto a la importancia de tener intenciones buenas cuando hagamos algo. Un famoso investigador dijo una vez que para descubrir cualquier billete falso, lo mejor es conocer bien el verdadero. Es necesario que ellos conozcan bien la verdad para que puedan hacer comparaciones correctas y actuar conforme a las reglas. Ofréceles consejos que incluyan los parámetros disciplinarios de tu hogar para que internalicen la importancia de vivirlos.

3. Si alguno de los parámetros es quebrantado, es necesario que haya corrección. No cometas el error común de decir que vas a corregir y luego no hacerlo o prometer una consecuencia y no cumplirla. Eso promueve la manipulación en el corazón de tu hijo(a). Si se estableció una consecuencia, es medular que ambos padres asuman la responsabilidad de ejecutarla. No es saludable espiritualmente dejar sin consecuencia una falta grave. Existirán momentos en los cuales analicemos la gravedad, las intenciones de nuestros hijos y la actitud de arrepentimiento que tuvieron para poder determinar el curso a seguir. La crianza es un proceso de formación espiritual, emocional y social, así que es necesario que no lo tomemos a la ligera, sino que lo manejemos con cuidado. En mi caso, si alguno de mis hijos quebranta algún parámetro, le aplico disciplina individual. Lo llevo a solas a un lugar donde estemos él y yo; si mamá está presente, dependiendo de la falta, también se involucra en el proceso. Le hablo y le pregunto si conoce el parámetro que quebrantó y si entiende que es justo que le corrija. Luego procedo a corregirlo conforme a lo que Jessica y yo previamente determinamos como consecuencia. Luego lo consolamos con amor. Puedo decirles que en múltiples ocasiones ejecutamos el plan B de la corrección, que implica que si la actitud de nuestro hijo muestra un arrepentimiento genuino, podemos tener misericordia y explicarle que, aunque merece la consecuencia, le extendemos el techo de la misericordia y así comprobamos la bendición de esta comunicación. Los vemos cada día quebrantar los parámetros en menos ocasiones y los vemos ayudándose a cumplir con sus deberes del hogar.

4. Toma tiempo de calidad con cada uno de tus hijos para conocerlos. Conoce sus intereses, sus talentos, sus fortalezas y sus debilidades para poder ayudarlos efectivamente en su proceso de crecimiento. En un mundo tan ajetreado y de tanta rapidez para todo, usualmente hacemos las mismas cosas con nuestros hijos(as); por eso es importante variar las actividades según sus intereses. El tiempo pasa rápidamente. Por tanto, descuida; tendrás tiempo para hacer algunas cosas para ti luego, pero este momento es de influencia en sus corazones. Maneja tu agenda con sabiduría. Debes ser un padre que provea no solamente dinero, sino también dirección, cobertura y sacerdocio espiritual, amor, afecto y metas familiares que logren juntos. Ten cuidado con el exceso de trabajo, ya que te roba tiempo valioso no solamente para ellos, sino también para ti. Te puedo decir que hasta que fui padre, nunca había ido a un parque a pasar un día de campo, jugando a la intemperie. Jamás olvidaré ese primer día. Mi esposa llevaba más de un mes diciéndome que teníamos que hacer algo así. Tirar una manta en el parque y jugar con mis hijos para disfrutar ese momento. Para vergüenza mía, lo escribo: antes de eso, mi esposa me insistía y yo le decía que no me gustaba, que fuera ella, que tenía mucho trabajo, tanto de pastor como de profesor. Ella insistió (gracias, Dios, por todas las veces que mi Jessi ha insistido) y por su insistencia, me comprometí y fui con ellos. ¿Sabes qué ocurrió? Jugué como nunca, disfruté como nunca y mis hijos estaban felices. Descubrí una gran verdad. Aunque era cierto que ellos necesitaban tiempo conmigo, YO necesitaba más tiempo con ellos. Ese día fueron ellos los que me dieron su tiempo, su alegría y la bendición de su amor. Yo lo necesitaba más que ellos y tú lo necesitas más que ellos. Así que cuando alguien te diga que tus hijos necesitan tu tiempo, en realidad, el que necesita tiempo con tus hijos eres tú.

No puedo terminar este capítulo sin contarte una historia que realmente marcó mi vida desde que la conocí. El atleta británico Derek Redmond[2] fue campeón de 800 metros en pista y campo de Inglaterra en el año 1992. Era el favorito para ganar la medalla de oro en las Olimpiadas de Barcelona, España. Como ya dije, esas olimpiadas fueron memorables por el equipo de ensueño de baloncesto y por la historia de Derek. Cuando comenzó la primera ronda eliminatoria para la final de 800 metros, Derek salió en la delantera y estaba ganando cómodamente. De repente, ocurrió algo inesperado: su pierna derecha falló y tuvo un desgarre en su muslo. El estadio olímpico enmudeció. El gran favorito quedó descalificado y no podía concretar su sueño de alcanzar el oro. Luego de algunos segundos en el suelo y con varias personas alrededor, Derek tomó una decisión inesperada: se puso de pie como pudo y, cojeando, comenzó a caminar hacia la meta. Todavía le faltaban unos 200 metros, pero intentó correr para concluir su carrera. Ya todos sus compañeros habían terminado la carrera, pero allí estaba Derek con el firme propósito de finalizar.

Podría parecer que la historia solo tiene que ver con Derek, pero lo cierto es que, cuando se levantó, otro hombre —desde las gradas— hizo lo mismo. Era el padre de Derek. Unos guardias olímpicos intentaron impedirle que llegara a la pista, pero no pudieron. Él se levantó para llegar hasta Derek. Abriéndose paso sin pensar en nada más, el padre de Derek lo tomó con sus manos y lo abrazó para que lograra terminar la carrera. En el video, se escucha al narrador diciendo que su padre venía a decirle que no siguiera corriendo, pero no fue eso lo que motivó a su progenitor, sino todo lo contrario. Su padre vino precisamente a acompañarlo a terminar su carrera. Derek cruzó la meta final en el último lugar, llorando y en brazos de su progenitor. El estadio olímpico los recibió de pie y fue la ovación más grande de las olimpiadas. Fue la historia más aclamada y no tuvo que ver con medallas, sino con la voluntad de un hijo y un padre para concluir lo que habían comenzado.

De la misma forma, cuando tengas una caída inesperada, no es tiempo de quedarte en el suelo, lamentando lo que hubieras podido hacer, sino de levantarte y decidir llegar a la meta. Te aseguro que tu Padre celestial se levantará de las gradas y te acompañará al final de la meta para que te conviertas en un padre que bendice a sus hijos. Porque, a fin de cuentas, lo que importa no es la medalla, sino llegar a la meta aunque sea de último.

Y tú, Salomón, hijo mío, aprende a conocer íntimamente al Dios de tus antepasados. Adóralo y sírvelo de todo corazón y con una mente dispuesta. Pues el SEÑOR ve cada corazón y conoce todo plan y pensamiento. Si lo buscas, lo encontrarás; pero si te apartas de él, te rechazará para siempre. De modo que toma esto en serio; el Señor te ha elegido para construir un templo como su santuario. Sé fuerte y haz el trabajo". Entonces David le dio a Salomón los planos para el templo y sus alrededores, que incluían la antesala, los depósitos, las habitaciones de la planta alta, las habitaciones interiores y el santuario interior, el cual era el lugar de la expiación. David también le dio a Salomón todos los planos de lo que tenía en mente para los atrios del templo del Señor, para las habitaciones exteriores, para los tesoros y para los cuartos de las ofrendas dedicadas al Señor. El rey también le dio a Salomón las instrucciones sobre el trabajo de las diferentes divisiones de sacerdotes y de levitas en el templo del Señor; y dejó especificaciones para los artículos del templo que debían usarse para la adoración.

***1 Crónicas 28:9-13,** NTV*

David quería construir un templo para Dios, pero este le dijo que sería su hijo quien lo construiría. Me fascina la actitud de David. Él decidió preparar todo para su hijo. Le dejó el plano del templo y los materiales de construcción. Entendió que su rol como padre era establecer el fundamento para que su hijo pudiera tener herramientas para levantar el templo. Vemos que el corazón de Salomón anheló honrar a Dios. Así, cuando estuvo en su presencia, nos impresiona que le pidiera a Dios sabiduría, puesto que era joven y no tenía la madurez que había tenido su padre. El estándar de Salomón fue su padre, para entender la forma en la que debía vivir. El día que se inauguró el templo de Salomón, la presencia de Dios llenó todo el lugar, de tal forma que se autentificó el pacto que Dios hizo con David cuando le dijo: "De cierto bendeciré tu casa para siempre". Esto ruego a Dios por ti: que tu casa y las de tus generaciones sean bendecidas por él siempre.

REFLEXIONA

1. ¿Estoy asumiendo mi rol de padre en la vida de mis hijos?

2. Necesito________________ para mejorar la relación con mis hijos.

3. ¿Qué herencia espiritual les estoy dejando a mis hijos?

PRINCIPIO 7
PUREZA
EQUIPADO PARA SOBREVIVIR
Los **guantes** implican manos limpias y seguras para el camino. **1 Timoteo 5:22**

PRINCIPIO 7:
PUREZA
LOS GUANTES

LOS GUANTES IMPLICAN MANOS LIMPIAS Y SEGURAS PARA EL CAMINO.

"Mantente puro".
***1 Timoteo 5:22,** NTV*

Tiger Woods ha perdido su concentración para continuar como número uno del mundo en el golf. ¡Qué impresionante! ¡Quién lo hubiera pensado! Este hombre rompió todos los récords en los torneos de golf más importantes del mundo. Es considerado el jugador número uno a nivel mundial. Millones de dólares en auspicios, videojuegos con su nombre y su foto en las portadas de revistas y periódicos alrededor del planeta. Incluso alguien que no sabe de golf al menos sabe quién es Tiger Woods. Cuando Tiger estaba en un torneo, no había discusión por el primer lugar. Era suyo. Los otros competidores lo entendían muy bien.

Sin embargo, en el año 2010, ocurrió un evento que marcó la vida de este atleta para siempre[1]. Una noche, luego de una discusión con su esposa, tuvo un accidente en su vehículo y todo salió a la luz. Con el amanecer del día, el mundo se enteraba de que Woods tenía conflictos matrimoniales relacionados con infidelidades y desenfrenos sexuales con diversas mujeres.

Tiger tenía un lado oscuro que nadie se había imaginado. Su adicción sexual fue tan impactante para todos que en pocos días había perdido a su esposa, su familia, sus auspiciadores multimillonarios y miles de admiradores. Cuando se conocieron los detalles de su desenfreno, el mundo quedó sorprendido al pensar que ese joven tan talentoso tuviera tantas distorsiones en su vida.

Cuando escuché la noticia, sentí mucha compasión por él. Quizás para muchos sea fácil hacer leña del árbol caído, pero, como pastor, pensé que cuando uno llega a ese tipo de desenfreno, es porque nunca en su vida encontró las herramientas para ser libre de la esclavitud que genera cualquier adicción. Las adicciones son distorsiones que comienzan como si fuesen algo que podemos dominar, pero luego nos envuelven al punto que nos damos cuenta de que realmente lo que creíamos que dominábamos, en esencia, nos domina. Espero en Dios que Tiger pueda recuperar y restaurar su vida. Sin embargo, al reflexionar, te pregunto: ¿Cuántos hombres viven una doble vida normalmente? ¿Cuántos viven con problemas en cuanto a su sexualidad en lo oculto?

He aprendido que la doble vida solo lleva a una visión doble. Es decir, la persona que vive ocultando y viviendo en mentira llega al punto en que tiene una visión doble de la verdad. Al punto en que no sabe qué es verdadero y qué es mentira. Su enfoque se distorsiona y se nubla su capacidad de reaccionar ante el peligro y las consecuencias de sus acciones. Cae en una espiral de degradación que lo sigue enredando cada vez más en su propia mentira. Nuestra sexualidad es un regalo valioso que Dios nos ha dado. En su Palabra, él nos muestra la importancia de conservarnos puros en la intimidad con el propósito de vivir una vida íntegra.

Nuestra sociedad está cubierta por varias visiones acerca de la sexualidad. Vemos con cierta naturalidad cómo se involucran los jóvenes en relaciones sexuales a temprana edad. Esa conducta se plantea como algo normal y aceptable, aun cuando luego vemos que el consenso social establece que no están preparados para enfrentarse a las consecuencias que puede conllevar tal conducta. Los jóvenes que toman decisiones sobre su paternidad, debido al desenfreno, intiman sexualmente sin tener la madurez para enfrentar consecuencias. Por eso vemos hogares destruidos debido a la infidelidad promovida por la sexualidad desenfrenada que impera en los procesos sociales actuales.

Mi trasfondo sexual es bastante parecido al de muchos en Puerto Rico. Me enseñaron muy poco sobre sexualidad de manera formal; es decir, en la escuela. La mayoría se decía en forma de chiste o de broma. Recuerdo que intentaba entender, en medio de cada chiste, la forma en que debía comprender la sexualidad. Es así que percibo que entre los hombres existe un código de silencio en cuanto a la sexualidad. Se pueden hacer chistes, pero no se debe hablar de forma seria sobre la sexualidad. Puedo inferir que los hombres prefieren no hablar de esos temas porque no quieren demostrar que lo desconocen y eso pondría al descubierto algún tipo de ignorancia.

Así que aprenden sobre sexo en la calle. Con los "panas". Con los amigos mayores que se convierten en consejeros en la universidad de la vida. Con aquellos que hablan de toda la mitología urbana que otros le han dicho y que se constituye en los principios que deben seguirse. Mitología en su mayoría obtenida de la pornografía o de eventos que alguien haya tenido. Claro está que no falta el que exagera sobre lo que hizo o dejó de hacer con tal o cual persona. Los consejos de alguien aparentemente experto en sexualidad que te dirigió a una revista pornográfica o una película o hasta una página web de contenido explícito. Según la sociedad, el hombre se mide por la cantidad de mujeres con las que haya tenido sexo, por la longitud de su miembro genital y por la frecuencia de su actividad sexual con diferentes personas.

Cargamos muchas experiencias que han distorsionado la verdadera sexualidad; esto se evidencia en la forma en que actuamos y procesamos la información. En muchas ocasiones, anhelábamos que alguien nos enseñara, nos mostrara el camino y estableciera los parámetros de nuestras vidas sexuales. Precisamente, eso es lo más complejo porque nos han enseñado que la intimidad es personal y oculta. Pensamos que esos temas no se pueden hablar con nadie porque pueden generar complejos y, como hombres, se supone que sepamos sobre esto a cabalidad. Para muchos, reconocer que necesitan saber de la sexualidad es sinónimo de mucha vergüenza y, por ende, ejecutan el código del silencio.

Por eso quiero hablarte de los principios espirituales sobre sexualidad que aprendí en la Palabra de Dios. Otra cosa que debemos incluir en nuestra mochila es un par de guantes, los que impiden que nos contaminemos en el camino y además nos protegen de heridas que pudieran desviar nuestro caminar. Los guantes son necesarios en nuestra mochila porque representan sabiduría para continuar.

Vemos hoy en día cómo por el culto al libertinaje sexual se atropellan las bases fundamentales del amor, el respeto en las parejas y la crianza de los hijos con valores. La publicidad nos dice que no existen consecuencias por las decisiones sexuales. La sensualidad y la sexualidad explícitas visitan nuestros hogares periódicamente mediante la música, los programas de televisión y el internet. Nos dicen: "El cuerpo te la pide", haciendo alusión a que no es necesario que la decisión pase por tu mente, sino solo por tu cuerpo. "Verla es quererla", como si fuésemos esclavos al servicio de nuestros cuerpos. Aunque tenemos raciocinio, nos han enseñado a no utilizarlo, a olvidarnos de las consecuencias y a actuar enfocados en el placer.

Estamos viviendo tiempos como los de la cultura helénica, en la que los griegos y los romanos rendían culto al placer. La filosofía imperante es: "Vive al máximo; lo más importante es el hoy y el ahora... lo que me produzca placer". Así vivimos, en un tiempo en el que las decisiones se toman por gusto y placer. Las consecuencias no importan, aunque luego tengamos que pagar el precio de ellas el resto de nuestras vidas. Definen la sexualidad actualmente como algo individual que se puede hacer con quienquiera, como quiera, cuando quiera ningún tipo de límites. ¿Cuál es el problema de esto? Que en la misma forma en que definimos algo, ese algo dirigirá la manera en la que nos acerquemos a eso que definimos.

He tenido el privilegio de leer sobre múltiples autores y compartir con amigos y pastores que me bendijeron con una gran cantidad de consejos en los que se basan estos principios. Además, he tenido la bendición de ponerlos en práctica y recibir la dirección de la Palabra para poder vivirlos y quiero confesarte que cada día necesito más de Dios para poder cumplirlos. A menudo me preguntaba si los grandes hombres de Dios eran atacados por pensamientos y distorsiones como los que me han acosado, y descubrí que personas como Pablo, David, Pedro, José y hasta Jesús explicaron cómo fueron atacados. Algunos cayeron y se levantaron. La diferencia con Jesús fue evidente: él venció sin pecado para poder ofrecer el camino más excelente de modo que tú y yo pudiéramos vivir al nivel de su Palabra a fin de que experimentáramos su libertad y su diseño.

DISEÑO DE LA SEXUALIDAD

La sexualidad humana no fue producto del pecado. Siempre fue parte del plan de Dios para el hombre y la mujer en el contexto de un pacto matrimonial. Dios nos diseñó como seres sexuales. La sexualidad no es mala ni sucia y mucho menos es reprobada por Dios. La sexualidad es parte de la vida del cristiano y tiene la bendición de Dios, de manera que los esposos pueden —con toda libertad— llevarla a cabo sin ningún tipo de temor o culpa. Significa que debemos hablar, educarnos y orar por el éxito de la vida sexual en nuestros matrimonios.

El esposo debe satisfacer las necesidades sexuales de su esposa, y la esposa debe satisfacer las necesidades sexuales de su marido. La esposa le da la autoridad sobre su cuerpo a su marido, y el esposo le da la autoridad sobre su cuerpo a su esposa. No se priven el uno al otro de tener relaciones sexuales, a menos que los dos estén de acuerdo en abstenerse de la intimidad sexual por un tiempo limitado para entregarse más de lleno a la oración. Después deberán volverse a juntar, a fin de que Satanás no pueda tentarlos por la falta de control propio.

***1 Corintios 7:3-5**, NTV*

Es decir, no le toca al esposo satisfacer sus propias necesidades sexuales ni a la esposa satisfacer las de ella. Por el contrario, es responsabilidad del esposo satisfacer siempre las necesidades sexuales de su esposa y a su vez de la esposa satisfacer las necesidades sexuales de su esposo. La sexualidad es una de las maneras en las que expresamos lo más íntimo de nuestro ser. La intimidad no es sólo física, sino también emocional y espiritual. En la sexualidad, suplimos nuestra necesidad de ser mirados, tocados, acariciados y aceptados y sobre todo de una manera amorosa y con el ingrediente del compromiso de ambos.

DISTORSIÓN DE LA SEXUALIDAD

La lujuria es una distorsión de la sexualidad. Es el deseo desmedido de lo que no debo tener o hacer. La lujuria es tomar la sexualidad que Dios nos dio y llevarla fuera de los límites del matrimonio, desarrollando una respuesta sexual hacia lo depravado. Joshua Harris[2] la definió como: "Cuando tenemos deseos sexuales impuros, tomamos esto que es bueno, el deseo sexual, y le quitamos el honor hacia otros seres humanos y la reverencia a Dios". John Piper lo definió de esta manera: "La lujuria es deseo sexual menos honor y santidad". La Palabra de Dios nos advierte sobre ella:

Andemos como de día, honestamente; no en glotonerías y borracheras, no en lujurias y lascivias, no en contiendas y envidia, sino vestíos del Señor Jesucristo, y no proveáis para los deseos de la carne.

Romanos 13:13-14

La lujuria nunca se sacia. Por eso la distorsión aumenta cada vez que sucumbimos ante ella. Nunca podremos negociar con la lujuria ni ganarle sin una visión clara de la santidad de Dios en nuestras vidas. Nuestro enfoque de la santidad no puede ser algo que nos quitemos y nos pongamos, sino que recibimos la santidad de Dios por gracia y la cultivamos en todas las áreas de nuestras vidas. La santidad no es algo que uno produce, sino algo que el Espíritu Santo de Dios produce en uno. Por eso es que Gálatas 5:22-23 nos enseña que el fruto del Espíritu en nosotros es amor, gozo, paz, paciencia, bondad, fidelidad, humildad y dominio propio. Este fruto del Espíritu es la base de la santidad de Dios para nuestras vidas, fruto que nos libra de la distorsión de la lujuria en todas sus manifestaciones. La lucha por la pureza sexual no puede fundamentarse en nuestras propias fuerzas. Nuestro enfoque debe estar en buscar su santidad, ya que mientras más nos acerquemos a Dios, mayor será nuestra pureza.

Es necesario ser libres, aceptando la redención que logró Jesús en la cruz para nosotros. ¿Cuántos han dicho algo parecido a: "Es que quiero hacerlo bien, pero no me sale?". Pues bienvenido al club. Es tiempo de saber que Dios conoce nuestros corazones y nuestros pensamientos y, por ende, conoce nuestras debilidades. Él es un sumo sacerdote que fue tentado en todo y por eso puede socorrer a los que son tentados.

Pues en cuanto él mismo padeció siendo tentado,
es poderoso para socorrer a los que son tentados.
Hebreos 2:18

Porque no tenemos un sumo sacerdote que no pueda COMPADECERSE de nuestras debilidades, sino uno que fue tentado en todo según nuestra semejanza, pero sin pecado.
Hebreos 4:15, *énfasis agregado*

Es decir, Dios se compadeció de nosotros y de nuestras debilidades a punto de enviar a su hijo Jesús para que pudiéramos ser libres del pecado, incluyendo el de la distorsión de la sexualidad. Por medio de la Cruz, Jesús nos liberó de la ley del pecado y, por ello, podemos redefinir todo en nuestras vidas, aun lo más íntimo, nuestra sexualidad. Así que, por medio de Jesús, no hay ninguna condenación porque la ley del Espíritu de vida nos ha liberado de la muerte.

Por lo tanto, ya no hay ninguna condenación para los que están en Cristo Jesús, pues por medio de él la ley del Espíritu de vida te ha liberado de la ley del pecado y de la muerte.
Romanos 8:1-2, *NVI*

Jesús pagó el precio para que pudiéramos vivir con integridad en todas las áreas de nuestras vidas y esto incluye nuestra sexualidad. El texto de Romanos 8:37 nos enseña que *"somos más que vencedores por medio de aquel que nos amó".* El que es más que vencedor entiende que su batalla ha sido ganada y que solo necesita creerlo y actuar en dirección a la victoria.

Por tanto, hagan morir todo lo que es propio de la naturaleza terrenal: inmoralidad sexual, impureza, bajas pasiones, malos deseos y avaricia, la cual es idolatría.
Colosenses 3:5, *NVI*

Cristo Jesús venció. Ahora nos corresponde a nosotros ejecutar la firmeza de su victoria, anclados a sus principios espirituales. Es necesario hacer morir nuestra naturaleza terrenal con la santidad de Dios como norte en nuestras vidas. Ahora bien, la pregunta es: ¿cómo hago morir lo terrenal en mí? Te regalo un versículo que me obsequiaron cuando tenía catorce años. Uno de mis pastores me dijo: "Nando, debes huir de tus pasiones de joven".

Huye también de las pasiones juveniles, y sigue la justicia, la fe, el amor y la paz, con los que de corazón limpio invocan al Señor.
2 Timoteo 2:22

¡Qué interesante! La Biblia nos enseña a enfrentarnos a muchas cosas con valentía, pero hay momentos en los que Dios nos dice: "¡Huye!". No te enfrentes. Lo más sabio es huir. Una pasión juvenil carece de madurez, razonabilidad, carácter y dirección, y no mide las consecuencias. Aunque son pasiones propias de la juventud, muchos hombres adultos siguen tomando decisiones juveniles en sus vidas y siguen sujetos a sus pasiones y deseos superficiales, los que solo generan destrucción. Toman decisiones que se fundamentan en obtener placer inmediato y gratificación individual sin medir las consecuencias de sus acciones para ellos y su familia. Es necesario seguir la justicia, la fe, el amor y la paz con un corazón orientado a la pureza de Dios.

Además, Dios en su infinito amor y misericordia nos ha prometido ayudarnos en medio de la tentación:

> *Ustedes no han sufrido ninguna tentación que no sea común al género humano. Pero Dios es fiel y no permitirá que ustedes sean tentados más allá de lo que puedan aguantar. Más bien, cuando llegue la tentación, él les dará también una salida a fin de que puedan resistir.*
> ***1 Corintios 10:13,*** *NVI*

Para poder resistir firmes, también necesitamos ser hombres de pacto. Aprendí que en el Puerto Rico de principios del siglo xx, las transacciones se sellaban estrechándose las manos en señal de que se cumpliría con la palabra empeñada. A menudo se escuchaba a hombres que decían: "Palabra de hombre" y con eso se entendía que se cumpliría con lo que se había acordado. Hoy en día, eso casi no se ve, pero estoy convencido de que nos hace falta rescatar los pactos como parte de nuestras vidas. Un hombre de pacto es capaz de comprometerse y cumplir. La satisfacción de cumplir con tus pactos es la gasolina que alimenta el motor de tu integridad. Te reto a que seas un hombre de pacto.

“HICE UN PACTO CON MIS OJOS” (JOB 31:1, NTV)

Todo pacto bíblico, en el Antiguo Testamento, se sellaba con un altar. Es interesante observar cómo representaban los altares una señal de adoración a Dios y de compromiso espiritual sin precedentes. Con un altar y un pacto, se conmemoraban momentos profundos de victoria o se representaba la intimidad con Dios. Ejemplos son el altar y el pacto del pueblo de Israel al llegar a la tierra prometida o el altar de sacrificio que levantó Abraham para adorar a Dios por su bendición. Qué interesante que también los altares se utilizaban para adorar a otros dioses. Es impresionante la cantidad de reyes de Israel que hacían lo bueno ante Dios, pero no quitaron los lugares altos que contenían altares a dioses de otras naciones. Por ejemplo, Amasías y Azarías (2 Reyes 15:4), Asa (1 Reyes 15:14), Jeroboam (1 Reyes 13:33). Los lugares altos eran sitios ocultos que se escogían para que nadie encontrara dónde estaban adorando a otros dioses. Tenemos que revisar los pactos que hemos hecho y los altares que hemos levantado. Necesitamos realizar un pacto con nuestros ojos y evaluar qué vemos y a qué le brindamos nuestra atención.

Es evidente que los hombres somos principalmente visuales. Nuestro diseño sexual se mueve más hacia la excitación visual. Eso no quiere decir que las mujeres no lo sean, pero tenemos cierta inclinación, por naturaleza, a nuestros ojos. El diseño de Dios en cuanto a nuestros ojos fue tan complejo que la expectativa es que, cuando veamos la belleza y la desnudez de nuestra esposa, seamos impactados al punto de excitarnos sexualmente. Sin embargo, antes de que la imagen de la esposa de un hombre sea captada por sus ojos, han pasado otra gran cantidad de ellas que han marcado su cerebro. Vivimos en un mundo de un desarrollo tecnológico sin precedentes y esto promueve la exposición a un sinfín de imágenes, además de que la publicidad de nuestra sociedad nos indica que nuestros ojos no deben ni tener límites ni parámetros y ello contrasta totalmente con la visión de pureza de Dios para nosotros.

Se enseña popularmente que la masturbación es normal. Que todos los jóvenes lo hacen y que, de vez en cuando, ver pornografía no es dañino. Aunque respeto a quienes piensan de esta manera, no estoy de acuerdo. Estoy convencido de que la masturbación distorsiona diversas áreas de la sexualidad. En primer lugar, el fin principal de la masturbación es la autogratificación; es decir, satisfacerse uno mismo. Ahora bien, en la sexualidad diseñada por Dios, el fin es satisfacer a tu pareja y así recibir satisfacción.

En segundo lugar, la masturbación implica un proceso de imaginación, fantasía, con algo o alguien; y nuestras mentes deben ser santificadas y puras. Como les dice Pablo a los filipenses, *"Por lo demás, hermanos, todo lo que es verdadero, todo lo honesto, todo lo justo, todo lo puro, todo lo amable, todo lo que es de buen nombre; si hay virtud alguna, si algo digno de alabanza, en esto pensad" (Filipenses 4:8).* Nuestra mente debe estar en armonía con nuestras acciones.

En tercer lugar, la masturbación no incluye un proceso emocional de entrega y compromiso; al contrario, es un acto adictivo que produce deseos desordenados. La masturbación puede incluir pornografía para activar la excitación. La pornografía es una distorsión de la sexualidad puesto que presenta a la mujer como objeto sexual, lo cual deforma la perspectiva masculina en términos de pensar que la mujer disfruta ser utilizada como objeto de satisfacción egoísta. Incluso la pornografía blanda representa a las mujeres como objetos eróticos cuya función principal es dar satisfacción sexual a los hombres. Es decir, son valoradas solo desde el cuello hacia abajo. Por otro lado, la pornografía dura enseña que las mujeres disfrutan de ser abusadas o violadas y que los niños pueden ser parejas sexuales apropiadas. Además, la pornografía enseña que el sexo es puramente recreativo por naturaleza. No hay intimidad emocional en la pornografía, sino solo la satisfacción física inmediata.

Ahora bien, deseo ofrecerte algunas estadísticas conservadoras sobre la pornografía y el internet. El 12% de las páginas web son de contenido pornográfico. El 25% de los resultados de búsquedas se refieren a sitios pornográficos. El 35% de las descargas de internet contienen pornografía. Cada segundo, 28.258 personas están viendo pornografía en internet. Cada segundo, se gastan 89 dólares en pornografía por internet. Cada día, se crean 266 nuevos sitios pornográficos en internet. La palabra *sex* (sexo en inglés) es la más solicitada en los buscadores. Los ingresos de la industria pornográficas en internet correspondientes al 2008 fueron 2.880.000.000 de dólares. El 72% de los usuarios consumidores de porno son hombres. El 28% son mujeres. Hay aproximadamente 372.000.000 de páginas porno en la red. El 3% son hechas en Gran Bretaña, 4% en Alemania y 89% en los Estados Unidos. Las compañías de cine porno producen anualmente unas 13.000 películas catalogadas para adultos, casi 30 veces más que la industria de Hollywood. Los ingresos anuales de este sector en los Estados Unidos se estiman entre 10.000.000.000 y 14.000.000.000 de dólares, según datos del FBI. La industria pornográfica mundial genera 57.000.000.000. En internet se generan 2.500.000.000 de dólares en pornografía. Los vídeos pornográficos generan más dinero que la facturación combinada de las televisoras NBC, CBS y ABC.

Es decir, esta industria tiene muchas personas que la mantienen. Es sorprendente ver cómo el 75% de los hombres atados a ese desenfreno pornográfico comenzaron en edades muy tempranas. El promedio actual en los varones es once años, según la disertación doctoral en la Universidad de Puerto Rico (UPR) de mi buen amigo el Doctor José F. Colón[3]. En su estudio sobresale el análisis de que aun como adultos y estando casados los hombres siguen con una conducta adictiva que requiere de pornografía para excitarse. La pornografía infantil ha tenido un aumento sin precedentes, al punto de que existen más de 100.000 sitios en internet, aunque eso es ilegal. Los límites no están claros y la promiscuidad se considera la nueva normalidad.

Cada vez más, la televisión pública introduce contenidos explícitos; como si eso fuera una forma de avalarlos. Luego vemos las consecuencias en el agravio a las mujeres —que son tratadas como objetos—, a los niños y a las niñas —que son abusados— y nos preguntamos por qué. En vez de analizar que, cuando no hay parámetros, cada cual hace lo que bien le parece y en lugar de vivir en una sociedad de orden, hemos idolatrado y recomendado el libertinaje como estilo de vida.

Es, por tanto, tiempo de hacer un pacto serio de integridad con Dios, y contigo mismo, que incluya la eliminación de todo tipo de impureza sexual. Ser hombres de palabra que asuman la responsabilidad de su vida sexual. Aunque antes, como yo, hayas sido expuesto y hayas vivido en el desenfreno de tus pasiones juveniles, es necesario que entiendas que se puede vivir de una manera diferente con pasiones puras. Porque la pasión es excelente en el marco de los parámetros del diseño divino para nuestras vidas. Dios creó nuestra sexualidad para que la disfrutemos al máximo con la nueva identidad de santidad que nos ha regalado. El libro de Cantares nos dice: *"¡Cuán hermosos son tus amores, hermana, esposa mía! ¡Cuánto mejores que el vino tus amores, y el olor de tus ungüentos que todas las especias aromáticas!" (Cantares 4:10).*

Pienso que, en última instancia, la adicción a la pornografía es la negación absoluta de nuestra propia humanidad según fue creada por Dios. Dios lo creó todo perfecto y bueno. Él nos hizo con la capacidad de decirle que no a la tentación. Cristo, mediante la cruz, nos liberó de la esclavitud del pecado y restauró en nosotros esa fibra de humanidad que perdimos. Cristo nos hace verdaderamente humanos de nuevo. Nos hace nuevamente capaces de disfrutar a Dios y de decirle que no a la tentación.

SEXUALIDAD SALUDABLE

Nuestros mitos se fundamentan en mucha ignorancia. Sin embargo, aprendí que la sexualidad no está diseñada para los egoístas. Cuando la distorsión de la sexualidad está presente, lo único que se persigue es obtener satisfacción y experimentar placer al máximo. Por eso, te obsequio un gran secreto: cuando tienes la mentalidad de dar —en cuanto a lo sexual— es cuando disfrutas con satisfacción lo que recibes. El corazón egoísta alcanza el placer físico inmediato, pero el que busca satisfacer a su cónyuge alcanza el placer físico, el emocional y el espiritual íntegramente; y sabemos que tres es mejor que uno. Dios anhela bendecir nuestro placer como el padre anhela ver a su hijo satisfecho por los logros alcanzados. Por eso Dios mismo nos dice: *"Sea bendito tu manantial, y alégrate con la mujer de tu juventud, como cierva amada y graciosa gacela. [...] Sus CARICIAS te satisfagan en todo tiempo, y en su amor recréate siempre" (Proverbios 5:18-19, énfasis agregado).*

Dios ha utilizado a mi esposa para sanar mi sexualidad y para que me brinde, con sus caricias, la posibilidad de deleitarme en el diseño divino. Así que decide complacer a tu esposa y vivir una sexualidad saludable que se complemente con una verdadera intimidad mutua. Tener relaciones sexuales e intimidad no es lo mismo. Las relaciones sexuales son el premio de una intimidad llena de comunión matrimonial. Entiende que una sexualidad saludable se enriquece con una relación auténtica y con detalles diarios. Los hombres funcionamos diferente a las mujeres; por ende, necesitamos complementarnos y adaptarnos. Eso requiere que renovemos nuestra actitud y compartamos nuestro trasfondo con nuestra esposa; además, debemos ser honestos y abrir el corazón —por encima de nuestras debilidades, luchas y anhelos— en la intimidad.

Tu esposa necesita que seas amoroso, tierno, amable y que tengas una transparencia absoluta. Eso genera una comunión íntima que permite alcanzar la satisfacción sexual. Deseo ofrecerte varios consejos útiles para ejecutar un plan de acción que te permita vivir al nivel del diseño de Dios.

EJECUTA UN PLAN DE ACCIÓN

Como ya mencioné, los lugares altos estaban ocultos y se escogían lejos para que nadie supiera dónde se adoraba a otros dioses. Por eso, tenemos que revisar los pactos que hemos hecho y los altares que hemos levantado. Es tiempo de realizar profundas reformas en nuestras vidas. El rey Josías tuvo que destruir muchos altares que se edificaron bajo el reinado de Salomón. Hay momentos en nuestras vidas en los que necesitamos un verdadero arrepentimiento (*metanoia*, en griego), un cambio de mente. Para derribar los altares, es necesario ser enérgico, firme y establecer parámetros diferentes.

Todo es puro para los de corazón puro. En cambio,
para los corruptos e incrédulos nada es puro,
porque tienen la mente y la conciencia corrompidas.
***Tito 1:15,** NTV*

Dios nos ha llamado a vivir una vida de pureza, ya que la corrupción de la mente y la conciencia provienen de una vida alejada del diseño divino. La pureza requiere acciones firmes de hombres que estén dispuestos a creerle a Dios. Ahora bien, si por alguna razón no pudiste mantenerte puro en el pasado, todavía estás a tiempo. Atrévete a tomar decisiones en cuanto a tu fidelidad y tu compromiso, y te aseguro que Dios —que es amplio en perdonar (Isaías 55:7)— te restaurará, visitará tu intimidad y te sanará.

Antes ustedes estaban muertos a causa de su desobediencia y sus muchos pecados. Vivían en pecado, igual que el resto de la gente, obedeciendo al diablo —el líder de los poderes del mundo invisible—, quien es el espíritu que actúa en el corazón de los que se niegan a obedecer a Dios. Todos vivíamos así en el pasado, siguiendo los deseos de nuestras pasiones y la inclinación de nuestra naturaleza pecaminosa. Por nuestra propia naturaleza, éramos objeto del enojo de Dios igual que todos los demás. Pero Dios es tan rico en misericordia y nos amó tanto que, a pesar de que estábamos muertos por causa de nuestros pecados, nos dio vida cuando levantó a Cristo de los muertos. (¡Es solo por la gracia de Dios que ustedes han sido salvados!).
***Efesios 2:1-5,** NTV*

Dios nos muestra un nuevo camino de amor. Somos hombres de otra generación, de los que estábamos muertos pero ahora tenemos vida. Anduvimos en otro tiempo en la corriente de este mundo, pero ya no más. Nuestras vidas deben ser ejemplo de un antes y un después, creyendo que, en lo secreto de su presencia, podemos entender la sabiduría de Dios y ser libres de los patrones que ha establecido la sociedad como correctos. Es importante entender que en Dios podemos vencer. Para eso, te regalo estos pasos útiles para ser íntegro sexualmente.

PASOS PARA LA INTEGRIDAD SEXUAL:

1. Reconoce las áreas en las que necesitas un arrepentimiento genuino, uno que te induzca a cambiar de dirección. Si anhelas ser libre, el Espíritu Santo te guiará a toda verdad. *"Cuando venga el Espíritu de verdad, él os guiará a toda la verdad; porque no hablará por su propia cuenta, sino que hablará todo lo que oyere, y os hará saber las cosas que habrán de venir" (Juan 16:13).* Arrepiéntete delante de Dios con el firme propósito de establecer un curso de acción para derrumbar todo altar que se haya levantado. El arrepentimiento no es el fin del proceso, sino el comienzo de una nueva acción.

2. Confiésale a un amigo, líder espiritual, pastor o a un profesional de la conducta que te pueda dar un consejo sabio, para que te ayude en el proceso. Si eres casado, necesitas confesarle a tu esposa la lucha que tienes para que pueda ser de ayuda para ti. Algunos necesitarán consejería individual, antes y después del matrimonio, para poder confesarlo a su esposa. Confesar sana y liberta, y es mejor que saques lo oculto a la luz de modo que seas verdaderamente libre. Ese amigo, pastor o líder debe convertirse en tu guía en esta área de la sexualidad y es una práctica de bendición para tu vida rendirles cuentas periódicamente para que puedan cubrirte.

> *Confiésense los pecados unos a otros y oren los unos por los otros, para que sean sanados. La oración ferviente de una persona justa tiene mucho poder y da resultados maravillosos.*
> ***Santiago 5:16,*** *NTV*

3. Haz una lista de cosas, hechos o personas con las que eres atacado en el área de las distorsiones sexuales. Por ejemplo, la masturbación, la promiscuidad, las revistas, la televisión por cable, las películas, el internet, las amistades que no edifican, etcétera.

4. Comienza a actuar enérgicamente pero poco a poco. Por ejemplo, establece parámetros en cuanto a cómo utilizarás el internet; decide no utilizar el internet si no hay otra persona contigo; planea el horario en que ves televisión; selecciona lo que escuchas. Establece parámetros en las relaciones interpersonales. Por ejemplo, no te hagas acompañar de personas del sexo opuesto sin la presencia de otras personas.

Lo cierto es que habrá algunos altares más fáciles de derribar que otros. Lo importante es que seas honesto y genuino contigo mismo además de sincero con los que escogiste para que te ayudaran. Confesar el pecado a veces da mucha vergüenza, pero cuando sacamos lo oculto a la luz, pierde el poder. El pecado oculto tiene más poder porque no se ve. Por eso es que confesar es la llave de la libertad. Como lo escribió David:

Mientras me negué a confesar mi pecado, mi cuerpo se consumió, y gemía todo el día. Día y noche tu mano de disciplina pesaba sobre mí; mi fuerza se evaporó como agua al calor del verano. Finalmente te confesé todos mis pecados y ya no intenté ocultar mi culpa. Me dije: "Le confesaré mis rebeliones al Señor", ¡y tú me perdonaste! Toda mi culpa desapareció. Por lo tanto, que todos los justos oren a ti, mientras aún haya tiempo, para que no se ahoguen en las desbordantes aguas del juicio. Pues tú eres mi escondite; me proteges de las dificultades y me rodeas con canciones de victoria.

Salmo 32:3-7, *NTV*

Dios te rodeará con cánticos de liberación en tu camino a la pureza. En el nombre de Jesús. Amén.

REFLEXIONA

1. Necesito confesar en cuanto a esta área que ____________.

2. Ejecutaré un plan de acción hacia la pureza haciendo ____________________.

3. Hago pacto con mis ojos y prometo ser puro en ____________________.

PRINCIPIO 8
CÓMO ENFRENTAR LA CRISIS

EQUIPADO PARA SOBREVIVIR

*En el momento de crisis tengo la **caseta de acampar**, la que me permite guarecerme de la lluvia, protegerme de la oscuridad de la noche y detenerme para evaluar mis próximos pasos al amanecer. **2 Corintios 12:9***

PRINCIPIO 8:

CÓMO ENFRENTAR LA CRISIS

LA CASETA DE ACAMPAR

EN EL MOMENTO DE CRISIS TENGO LA CASETA DE ACAMPAR, LA QUE ME PERMITE GUARECERME DE LA LLUVIA, PROTEGERME DE LA OSCURIDAD DE LA NOCHE Y DETENERME PARA EVALUAR MIS PRÓXIMOS PASOS AL AMANECER.

"Mi poder se perfecciona en la debilidad".

2 Corintios 12:9

La crisis, el momento difícil y la inestabilidad siempre tocarán a las puertas de nuestras vidas. Es inevitable que vivamos momentos en los que tengamos que decidir qué determinará lo que debemos hacer: las circunstancias o los principios que Dios ha establecido. ¿De dónde proviene nuestra firmeza? ¿Cuál debería ser nuestro enfoque? La Palabra de Dios nos enseña algunos principios espirituales para enfrentar los momentos de inestabilidad.

En nuestra mochila de supervivencia también necesitamos una caseta de acampar. Ella nos permite detenernos en el camino, refugiarnos de la lluvia, el frío y la noche oscura, y, además, guarda nuestro descanso. El tiempo en la caseta es necesario para reevaluar nuestra jornada y balancear nuestro proceder. En un mundo que no se detiene por nada, necesitamos aprender la importancia de detenernos y observar los procesos de nuestras vidas para evaluarlos.

En el verano del año 2009 ocurrió un evento que trastocó mi vida y la de mi familia para siempre. Mi amada esposa y compañera de aventuras, Jessica, comenzó a paralizarse sin razón alguna. Su cuerpo tuvo una reacción neurológica muy parecida a un derrame cerebral. Desde que comenzamos a fungir como pastores en el año 2000, hemos trabajado juntos en todo el proceso de restauración de nuestra congregación. Trabajamos juntos en el pastorado, en el ministerio de adoración, en los estudios bíblicos para adultos y niños y también en la consejería matrimonial. Su corazón y su sabiduría fueron y son determinantes en todas las áreas de nuestro ministerio.

A punto de cumplir nuestra primera década como pastores, la salud de Jessi decayó profundamente, de tal manera que hubo que realizar adaptaciones para todo. Fuimos a varios hospitales y tuvimos una gama de diagnósticos desde esclerosis múltiple, miastenia gravis y parálisis periódicas hipocalémicas hasta mioclono. Entiendo que todos esos nombres son muy complejos, pero créeme que yo tampoco los conocía. Sin embargo, todo ese proceso hizo que conociera todo tipo de enfermedades neurológicas. Lo más complejo del proceso fue que no encontraban nada; es decir, no hubo ningún diagnóstico firme en tres años y más de cuarenta médicos visitados en Puerto Rico. La enfermedad impedía que mi esposa funcionara con normalidad en todos los sentidos: como madre, como esposa y como servidora de Dios en nuestra congregación.

Puedo decirte con toda franqueza que esos tres años fueron los más difíciles de nuestras vidas. Como padres de tres hijos y pastores de una iglesia en crecimiento, se tornó casi imposible manejar toda esa situación que parecía no tener fin. Sin un diagnóstico médico específico, la condición empeoraba con el tiempo, al punto que comenzaron a manifestarse movimientos involuntarios en su cuerpo. Con mucho trabajo y esfuerzo, Jessica continuó su servicio —tanto a nosotros como familia y a la iglesia—, pero tuvimos que tomar decisiones relevantes relacionadas con una nueva forma de enfrentarnos a los procesos de la vida. Entrar en el mundo de la enfermedad, los médicos y la incertidumbre fue algo que requirió poner en orden muchas cosas. La crisis hizo que tomara acciones como hombre y como esposo.

Debo confesar que lo peor fue que no tenía idea de todo lo que representaba el hecho de que mi esposa tuviera una situación de salud tan complicada. Cuando todo en la vida parece estar en orden y surge una situación como esta que azota tu hogar, se requieren cambios. Tuve que modificar la forma de manejar el tiempo. Mi esposa necesitaba que yo pusiera en práctica aquella promesa que pronuncié en el altar diez años antes. Recordé: "En salud, en enfermedad". Creo que esas palabras cobraron un significado real para mi vida una década después.

Mi esposa y yo siempre hicimos todo juntos. Ella era mi mejor amiga, mi compañera de sueños y aventuras. De repente, su condición impidió que me acompañara en los procesos diarios, en el ministerio de la iglesia, en los asuntos de nuestros tres hijos (a esas alturas, el pequeño Jeriel apenas tenía un año) y, obviamente, en tantas cosas que ella siempre hizo.

Todo lo que un matrimonio maneja con cierta normalidad se tornó dificilísimo para el nuestro de un momento a otro. Vivir cada día sin afán, como les dijo Pablo a los filipenses, cobró vigencia ya que no sabíamos qué sucedería con su condición de salud y las implicaciones de esas parálisis que la transformaron de una mujer totalmente activa a una que tenía que quedarse en cama casi todo el tiempo. Nuestro ánimo decayó, nuestras fuerzas menguaron y nuestras cargas aumentaron. La enfermedad provocó tanta frustración que nos preguntamos el porqué de todo eso.

Como hombre bastante enfocado en mi trabajo, no me percataba de que mi vida estaba totalmente desbalanceada. Trabajaba como profesor universitario de ciencias y estaba terminando mis estudios doctorales en esa época; fungía como padre de tres hijos y ministraba como pastor de una iglesia que había crecido a un ritmo gigantesco en poco tiempo. Sencillamente, no tenía tiempo y estaba agotado; pero no me daba cuenta. Todo funcionaba y todo el mundo alrededor estaba contento con mi esfuerzo, pero realmente no estaba dando lo mejor de mí. Daba lo que me sobraba, pero ni siquiera me percataba de ello porque estaba demasiado extenuado como para notarlo.

Cuando la salud de Jessi colapsó, mi corazón desfalleció, pero ocurrió algo milagroso: tuve que quedarme en casa a cuidar de ella y de mis hijos, y comencé a no poder cumplir con los compromisos externos. Te preguntarás: ¿Y es eso un milagro? Definitivamente, porque entré en una nueva etapa de vida, algo totalmente inaceptable para mí. Tuve que aprender a decir: "NO". Y esto sí que fue un MILAGRO. Reconozco que no sabía decirle que no a nadie. ¡Guau! Nunca había pensado en detenerme, pero tenía que hacerlo por mi esposa y mis hijos. Ese fue el momento en el que Dios me mostró la importancia de montar mi caseta de acampar. Tuve que disminuir el ritmo de todo lo que hacía y confiar en que había llegado el momento de que mis discípulos pusieran en acción lo que les enseñé. Además, tenía que entender que la impartición de mi mayor discipulado y enseñanza para ellos ya no era con la Biblia únicamente, sino con mi vida y mis decisiones también. Tuve que reducir la cantidad de compromisos ministeriales y laborales y, además, ver mi agenda con mucho cuidado, estableciendo prioridades.

¿Cuál fue el resultado de todo eso? Disfrutar cada momento en su justa perspectiva y enfocarme en lo importante. Las crisis afinan la vista y el corazón porque trabajan directamente con nuestro carácter. Esa crisis hizo que observara con detenimiento en qué áreas iba a invertir mi tiempo y el de mi hogar. Cuando mi esposa estaba sana, era tiempo de disfrutar en familia y eso era la prioridad. Esa nueva realidad hizo que notara que el tiempo pasa demasiado rápido y que vivimos en mundo muy agitado, muy veloz y muy mal valorado. Un mundo de comida rápida, servicio expreso y hasta tiempo familiar sin equilibrio ni calidad.

He descubierto que una de las cosas más difíciles en la vida es ser balanceado. Todo el mundo dice que es importante serlo, pero lograrlo es bastante complejo. ¿Cuán problemático es tener el correcto balance del tiempo para todo lo que necesito hacer, todo lo que mi familia requiere que yo haga, todo lo que la iglesia precisa que yo emprenda, todo lo que el jefe en mi oficina quiere que yo realice, lo que mis colegas en el trabajo esperan que haga y todo lo que realmente quiero hacer?

Por ejemplo, quiero ilustrarte esto de la siguiente manera. Juan Díaz (nombre ficticio) se levanta a las 6:15 de la mañana. Debe realizar todo lo concerniente a su vestimenta y aseo personal antes de las 7:05 para llegar a su lugar de reuniones a las 8:00.

Luego de siete horas de reuniones, una tras otra, se toma un breve descanso para comer un almuerzo que realmente no pidió y que ni siquiera le apetece. Ya a las 2:30 de la tarde, va hacia un evento, que durará hasta las 6:00, con una barra energizante en la mano. Mientras regresa con su chofer, tiene que realizar varios trabajos con sus papeles oficiales para luego dirigirse a su casa a la hora de bañarse. Luego comerá algo rápido y tendrá tiempo para escuchar alguna historia antes de acostarse a dormir para, al otro día, comenzar todo de nuevo. Juan Díaz tiene diez años. Las reuniones que tuvo una tras otra fueron las clases de la escuela. El almuerzo que no pidió fue el del comedor escolar. El evento fue una práctica de baloncesto. Los papeles eran sus asignaciones de matemáticas. Y su chofer era su madre.

La estructura rápida de la sociedad actual nos lleva a estar sobrecargados para todo. La gente está ocupada, cansada y exhausta con la realidad virtual de la cultura que hemos creado. Muchos hombres están a punto de colapsar por fatiga o por depresión debido al estilo de vida. Romanos 12:2 nos enseña: *"No os conforméis a este siglo, sino transformaos por medio de la renovación de vuestro entendimiento, para que comprobéis cuál sea la buena voluntad de Dios, agradable y perfecta".* La Nueva Versión Internacional lo expresa de esta forma: *"No se amolden al mundo actual, sino sean transformados mediante la renovación de su mente. Así podrán comprobar cómo es la voluntad de Dios: buena, agradable y perfecta".*

Para no colapsar, necesitamos renovar nuestras mentes sin amoldarnos al tiempo definido en los términos del mundo en el que vivimos. La transformación de nuestras mentes es necesaria para ver la vida como Dios la ve. Creer que realmente él tiene el control implica que estamos dispuestos a soltar nuestros controles y confiar en su fidelidad. Quiero regalarte unos pasos básicos para lograrlo, entendiendo que alcanzar el balance requiere que revisemos periódicamente nuestras vidas en el espejo de Dios.

PASO 1: *REVISA TUS PATRONES*

Revisar tus patrones implica hacerte preguntas bastantes fuertes. ¿Vivo una vida balanceada de verdad? Te aconsejo que les preguntes a las personas más cercanas a ti. Comenzando por tu esposa y tus hijos, debes hacer preguntas que tengan que ver con cómo perciben ellos que manejas el tiempo. Si leíste esto y tu primera reacción fue: "Pastor, no quiero preguntarle eso a mi esposa ni a mis hijos", es probable que sea una indicación de que realmente sabes la respuesta y tienes temor a enfrentarte a ella. Con mucho amor, te digo que necesitas darle a este paso una aplicación directa y entender que tu esposa e hijos viven contigo y, en definitiva, es la mejor forma de comenzar a revisar tus patrones. Luego debes compartirlo con tus amigos, líderes o pastores cercanos a ti, ya que a ellos debes otorgarles permiso para que te corrijan, instruyan y enseñen.

¿Qué nos motiva para funcionar? A algunos los estimulan el trabajo, la productividad, las reuniones, tener todo el tiempo cubierto, la adrenalina de sentirse indispensables, el protagonismo en los logros y muchas cosas más. A veces los patrones son resultado de cubrir las desfases y heridas en la vida. Se refugian en patrones que les hacen sentirse seguros cuando han sido heridos con inseguridad. Son nómadas del tiempo. Van de aquí para allá buscando satisfacción en lo que hacen y por eso sus patrones siguen en el mismo lugar. Se engañan diciendo que ese patrón permitirá que puedan vivir bien como familia, pero es una meta que no tiene fin y nunca se alcanza. Es una utopía de la vida del hombre. Algunos dicen: "Pero esto lo hago por mi familia". Por desdicha, sus patrones están destruyéndola constantemente. Es un sinsentido porque la raíz no es la familia, sino el estar sobrecargados y sin balance; eso lo que les brinda es satisfacción, ya que no enfrentan las preguntas.

¿Qué estoy haciendo que debería dejar de hacer? ¿Qué no estoy haciendo que debería comenzar a hacer? ¿Qué hago que no está agradando a Dios? ¿Qué no estoy haciendo; en que estoy siendo negligente? La mayoría de los hombres no se llevan la familia al trabajo. No hay tiempo para pensar en ella. Incluso, si la esposa o uno de sus hijos llama por teléfono, la primera reacción puede ser: "Te dije que no me llamarás al trabajo". Sin embargo, de una forma muy fácil, se llevan el trabajo a la casa, obligando a la familia a compartir el tiempo laboral en la intimidad del hogar. Yo en particular le daba a mi familia el tiempo que me sobraba, aunque decía que todo lo que hacía era para ellos. De modo que no honré a Dios con el llamado que me hizo de ser cabeza de mi hogar para cuidarlo y bendecirlo con una dirección saludable y balanceada.

Hace poco, estuve compartiendo con un hombre que hacía mucho que no veía. Era un doctor en medicina con especialidades diversas, muy exitoso en su profesión, con varias oficinas y trabajando además en varios hospitales. Nuestra conversación, luego de más de diez años sin vernos, duró apenas diez minutos, puesto que él tenía que seguir haciendo su trabajo. Con mucho orgullo, me contó cómo vivía solo, ya que había tenido dos esposas y se había divorciado de ellas porque no entendían el compromiso que él tenía con su profesión. Por eso la mujer con la que estaba ahora prefería no casarse, además de que ya casi estaba comportándose como las otras dos. Para él era mejor.

Mientras menos la viera a ella y a su pequeño bebé de dos meses, menos corría el riesgo de que se acostumbrara. Decía que tampoco veía mucho a sus otros hijos, pero no les faltaba nada porque él era un excelente proveedor. Le pregunté por sus padres y me dijo que los veía poco ya que él se había mudado lejos de ellos y el trabajo no se lo permitía.

El tiempo pasa muy rápido y en ocasiones no nos damos cuenta de que nuestra propia velocidad nos puede autodestruir. Hay un animal africano conocido como el "escarabajo tigre" que es capaz de mover 170 veces la distancia de su cuerpo. En su hábitat natural, el escarabajo tigre se mueve tan rápido que sus grandes ojos no pueden seguir el ritmo de su cuerpo. Cuando persigue su comida, a veces pierde de vista a su presa debido a su propia velocidad y lo único que puede hacer es detenerse para volver a enfocar su vista. Es decir, tiene una velocidad que enceguece. Eso nos ocurre a menudo: vamos tan rápido que perdemos la capacidad de enfocarnos. La única alternativa que tenemos es detenernos y enfocarnos en la presencia de Dios, su Palabra y la gente cercana que nos ama. Te exhorto a que revises tus patrones a tiempo, no sea que luego te lamentes por perder la posibilidad de enfocarte periódicamente en Dios.

PASO 2: *REVISA TUS PRIORIDADES*

Si quieres tener resultados diferentes, tienes que cambiar lo que haces. Dios anhela transformarnos por medio de la renovación del entendimiento. Entonces sabrás lo que Dios quiere de ti, y podrás realizar su voluntad de tal forma que entenderás que es agradable y perfecta para cada momento de tu vida. Veamos a continuación algunas preguntas sencillas que te ayudarán a revisar tus prioridades en ciertas áreas de tu vida.

A. TU RELACIÓN CON DIOS

a) ¿Tengo diariamente tiempo de oración, de lectura bíblica o de algún libro que me edifique? ¿Comienzo mi día preguntándole a Dios cuál debe ser el orden de las prioridades?

b) ¿Confirma mi carácter la transformación de Dios? ¿Se basan mis acciones —en las diversas áreas— en los principios de Dios?

B. TU RELACIÓN CON TU ESPOSA

a) ¿Tengo comunión con mi esposa cada día? ¿Es nuestra comunicación efectiva y estamos madurando como matrimonio?

b) ¿Tenemos tiempo de calidad, al punto que me siento que anhelo vivir conquistándola cada día? ¿Estamos cultivando nuestra relación y está creciendo regularmente a pesar de las circunstancias?

C. TU RELACIÓN CON TUS HIJOS

a) ¿Aparto tiempo cada día para edificar, enseñar, ministrar y bendecir a mis hijos con mi ejemplo y mis acciones?

b) ¿Soy el padre que Dios anhela que sea? ¿Separo tiempo de calidad para compartir con mis hijos aquellas cosas que a ellos les gusta realizar? ¿Conozco y pastoreo los corazones de mis hijos?

D. RELACIÓN CON TU TRABAJO

a) ¿Soy responsable y manejo con integridad mi labor? ¿Soy diligente cuando se me encomienda una labor?

b) ¿Soy capaz de separar el trabajo de mi tiempo familiar y establecer límites?

E. TU SALUD

a) ¿Visito al médico normalmente para revisar mi estado de salud?

b) ¿Mantengo disciplinas que bendigan mi salud? ¿Soy capaz de revisar mis patrones para atender problemas de salud que he pasado por alto por no querer ir a una visita médica?

F. TUS FINANZAS

a) ¿Soy prudente con mis manejos económicos? ¿Tengo un presupuesto real que administro sabiamente junto a mi esposa?

b) ¿Soy íntegro en mis asuntos económicos de tal manera que cumplo con todas mis responsabilidades? ¿Manejo mis gastos con precaución para no afectar los procesos de mi familia?

G. TU SERVICIO AL REINO DE DIOS Y A LA COMUNIDAD

a) ¿Es real mi compromiso de servicio con el reino de Dios y mi comunidad? ¿Separo tiempo de calidad para cumplir con el llamado de Dios a mi vida?

b) ¿Soy equilibrado en el tiempo que le brindo al servicio a la iglesia y a la comunidad?

H. PASATIEMPOS O PERIODOS DE OCIO

a) ¿Tengo momentos de verdadero descanso a menudo? ¿Manejo mis pasatiempos con cautela y no toman todo mi tiempo libre?

b) ¿Tomo tiempos normales de vacaciones con mi familia, con mi esposa (solos) y descanso regularmente para reenfocar mi vida diaria?

PASO 3: DETENTE PARA REEVALUAR

Jesús fue el hombre más ocupado de la historia y tenía una ética laboral equilibrada. Trabajaba, descansaba, oraba y se apartaba a lugares desiertos. Lucas 5:15-16 nos relata que *"su fama se extendía más y más; y se reunía mucha gente para oírle, y para que les sanase de sus enfermedades. Mas él se apartaba a lugares desiertos, y oraba".* Sorprendentemente, aunque la fama de Jesús se hacía mayor, nos muestra el balance perfecto que tenía al tomar tiempo para apartarse, detenerse y reenfocarse en Dios. Las reglas de mercadeo establecen que cuando la fama es mucha, se debe exponer más el recurso. Sin embargo, Jesús nos mostró un ejemplo totalmente opuesto: aun cuando su fama era mayor, él se iba al desierto para estar alejado de la multitud y tener comunión con Dios.

En la Biblia se describen muchos momentos en los que los hombres de Dios necesitaron balancear sus vidas entre lo que hacían y lo que realmente necesitaban hacer. La sobrecarga te cansa y te fatiga. Las decisiones firmes en cuanto a las prioridades determinan la acción del poder de Dios en ti. Por eso Pablo le dijo a Timoteo: *"Te recuerdo que avives el fuego del don espiritual que Dios te dio cuando te impuse mis manos". (2 Timoteo 1:6, NTV).* Necesitamos avivar el fuego de Dios en su presencia. Detener el día agitado y la rapidez con la que se vive e invertir en tener tiempo en la presencia de Dios. Al llenarnos de su poder, su carácter y su corazón, mantenemos el balance. Dios anhela que actúes con su autoridad y su poder. Para eso, necesitas ser transformado por su gracia y por su Espíritu Santo.

Don Jaime Benítez[1], el primer presidente de la Universidad de Puerto Rico, dijo: "Ser hombre libre no es poder hacer lo que se quiere, sino querer hacer voluntariamente lo que se debe".

Nuestra libertad proviene de Dios y, de esta manera y con la ayuda de su Espíritu Santo obrando en nuestras vidas, podremos vivir en su poder, haciendo voluntariamente lo que se debe. Cuando vivimos bajo su poder, rendimos nuestros corazones a su Palabra y en los momentos de crisis nos revestimos de su fortaleza para ver más allá de las circunstancias que experimentamos. La Palabra nos enseña que Dios produce en nosotros tanto el querer como el hacer por su buena voluntad (Filipenses 2:13).

La Palabra de Dios te sostendrá en momentos de crisis y te mostrará el camino espiritual de tu proceso. En la caseta de acampar espiritual de Dios, tendrás su Palabra dirigiendo el camino para lograr sobrevivir. Hubo una palabra de Dios que me mantuvo enfocado durante todo ese tiempo de crisis con la salud de mi esposa. Jesús le dijo a Pedro: *"Lo que yo hago, tú no lo comprendes ahora; mas lo entenderás después" (Juan 13:7).*

Para Pedro, en ese momento, es probable que fueran unas palabras de confusión; pero luego, conforme pasó el tiempo, estoy seguro de que retumbaron en su corazón como lo hicieron en el mío. En mi caso, tras tres años del proceso de crisis, mi reflexión anclada a la Palabra de Dios es muy clara: Dios tiene el control de todo. Dios es fiel. Necesitábamos cambiar muchas cosas desde hace tiempo y la enfermedad de mi esposa fue el instrumento misericordioso que Dios utilizó para que yo me diera cuenta de mi necesidad de cambiar la manera en la que estaba viviendo.

Le doy muchas gracias a Dios por la actitud espiritual, valiente y enfocada de mi esposa. Ella me mostró cómo ver este proceso desde la óptica correcta. Siempre nos edificábamos mutuamente con mucha transparencia. Cada vez que pasábamos algún proceso médico, nos uníamos más y el balance cada vez se mostraba como un estilo de vida. En el año 2012, luego de haber visitado casi todos los médicos en Puerto Rico, viajamos a Nueva York.

En la clínica médica de la Universidad de Nueva York (NYU), encontramos varias respuestas al diagnóstico de mi esposa. Jessi fue operada a la edad de doce años de una desviación en su columna vertebral llamada escoliosis. Esa operación requiere que tenga dos barras y siete tornillos balanceando su espina dorsal. En NYU nos mencionaron que algunos pacientes, muchos años después de la operación, mostraban un problema con su sistema nervioso llamado parestesia crónica. Se oye complicado, pero no es un diagnóstico mortal, aunque requiere que la familia haga algunos ajustes para ayudar a la salud de Jessi.

Esa gran noticia fue de mucha bendición porque al fin tuvimos un diagnóstico y un curso de acción a seguir. No es que no sea complejo, pero sabemos que con la ayuda de Dios podremos hacerlo. Creemos en el poder de Dios para sanar a Jessi, pero también hemos visto cumplida su Palabra al fortalecernos en todo. Seguimos creyendo en medio de la crisis porque esta no determina nuestra convicción de la fidelidad de Dios. Al contrario, la afirma. Dios ha prometido estar con nosotros y que *"a los que aman a Dios, todas las cosas les ayudan a bien" (Romanos 8:28).*

Aquí quiero añadir un nuevo acontecimiento, del año 2016, que es de bendición para nuestras vidas. Luego de vivir durante siete años y medio la enfermedad de Jessica, se descubrió el diagnostico oficial de "**Myoclonus**". Esta enfermedad fue descubierta por un equipo de médicos en el Hospital Centro Médico en Puerto Rico. Tendríamos que explicar muchas otras cosas que definitivamente necesitaría otro libro, pero si queremos decirte que, unos días después de este diagnóstico, en una Actividad de Matrimonios Discipulados, nuestro Dios sanó a Jessica de toda su enfermedad. Al punto de que hoy en día lleva años sin ningún episodio de la enfermedad y los médicos reconocen que fue el poder sobrenatural de Dios. Si actualmente estás en un momento de dificultad, recuerda que Dios ha prometido ser fiel y que *"esta leve tribulación momentánea produce en nosotros un cada vez más excelente y eterno peso de gloria" (2 Corintios 4:17).* No importa lo que ocurra, tu corazón será más firme después de la prueba y crecerás bajo la dirección de su Palabra. Mi mayor consejo: **CONFÍA**. Jesús dijo: *"En el mundo tendréis aflicción; pero confiad,* ***YO HE VENCIDO AL MUNDO****" (Juan 16:33, énfasis agregado).*

Te invito a orar a Dios de la siguiente manera:
"Dios, necesito ayuda. Estoy cansado en medio de esta crisis. He intentado superarla de todas las formas que he podido, pero me doy cuenta de que necesito tu transformación para ver mis prioridades y tener una vida balanceada en ti. Mi prioridad debes ser tú y tu Palabra. Si sigo haciendo lo mismo, seguiré siendo el mismo. Necesito tu reenfoque. Muéstrame claramente tus prioridades. Estoy dispuesto a seguirte, quiero vivir tus principios creyendo que eres fiel, a pesar de mis circunstancias".

REFLEXIONA

1. He comprendido que necesito detenerme porque ________________________.

2. Necesito evaluar ________________.

3. En medio de la crisis, confío en que Dios ___________.

PRINCIPIO 9
SÉ DISCÍPULO
EQUIPADO PARA SOBREVIVIR
El alimento saludable es necesario para mantenernos firmes en el camino. Marcos 3:14-15

PRINCIPIO 9:

SÉ DISCÍPULO

EL ALIMENTO PARA LA SUPERVIVENCIA

EL ALIMENTO SALUDABLE ES NECESARIO PARA MANTENERNOS FIRMES EN EL CAMINO.

"Y estableció a doce, para que estuviesen con él, y para enviarlos a predicar, y que tuviesen autoridad".
Marcos 3:14-15

Es imposible mantenerse firme en el camino si no estamos debidamente alimentados. La realidad de la supervivencia es que no todos los alimentos tienen la capacidad de sostenernos para tal fin. Los alimentos para sobrevivir necesitan contener una cantidad amplia de vitaminas, proteínas y carbohidratos. Además, deben ser enlatados con capacidad para ser preservados por mucho tiempo. Es indispensable que brinden energía para poder sostener al cuerpo bajo las inclemencias de los procesos del camino. Sin una buena alimentación espiritual de discipulado en nuestras vidas, es imposible sobrevivir los obstáculos que el camino presenta.

Muchos piensan que Jesús llamó a sus discípulos para que hicieran milagros y maravillas únicamente. Sin embargo, cuando yo tenía unos dieciséis años, uno de mis pastores, Rey Matos, sembró una enseñanza en mi corazón. Me dijo: "Dios quiere que podamos predicar su evangelio, que tengamos autoridad, pero en primer lugar nos estableció para que estuviéramos con él". ¿Pudiste percatarte? Dios anhela que estemos con él. El llamado principal de nuestro Padre celestial es que estemos con él como sus hijos. Como padre, puedo percatarme de que lo más que disfruto de mis hijos no es lo que ellos puedan hacer para mí ni que cumplan lo que les pedí (aunque todo eso es bueno). Realmente lo que más disfruta mi corazón es cuando ellos quieren estar conmigo y ser como yo.

Lo más que Dios anhela es estar cerca de ti para bendecirte con su dirección, sus enseñanzas y su amor. El Dios sobrenatural no quiere que estés solo. Él quiere estar contigo. Anhela que su vida brinde estabilidad a la tuya y a cada cosa que haces. Quiere que vivas en su comunión diaria para que puedas enfrentar todas las circunstancias que se presenten en tu vida. Que la confianza en Dios y su vida reflejada en la tuya permitan la transformación en todas las áreas de tu ser de forma real, verdadera y permanente. Esta relación profunda con Dios provoca sanidad y libertad para actuar conforme al diseño de su carácter divino.

La cercanía de Dios evidencia lo que llamamos discipulado. El discípulo es un aprendiz, uno que sigue la enseñanza de otro, uno que imita a su maestro. Jesús tuvo discípulos y nos dio ese nombre a todos los que queremos seguir sus enseñanzas. Pero el discipulado al estilo de Jesús no es meramente uno en el que el discípulo aprende, sino que además imita a su Maestro.

Jesús, como nuestro máximo discipulador y maestro, nos muestra el camino de la relación con Dios y con los demás. Él se reveló en la Palabra de Dios como Hijo. Eso provocó que los fariseos quisieran matarlo. En su revelación como Hijo, nos traza el modelo del carácter que debemos tener como verdaderos hijos de Dios. Es su voluntad que lleguemos a ser el tipo de hijo que es él. Lucas relata: *"El Espíritu Santo, en forma visible, descendió sobre él como una paloma. Y una voz dijo desde el cielo: 'Tú eres mi Hijo muy amado y me das gran gozo'" (Lucas 3:22, NTV).*

La voz paternal de Dios proveyó la forma en que podemos ver a Dios en nuestras vidas. Cuando los discípulos le preguntaron a Cristo: "¿Cómo debemos orar?", les contestó: "Padre nuestro...". Sé que ya conoces el resto, pero me interesa hacer énfasis en la forma en la que Jesús se dirige a Dios. Para nosotros ya es algo común y normal recitar el Padrenuestro, pero para los discípulos fue algo sorprendente dirigirse a Dios como Padre. Dios es identificado con más de seiscientos nombres en todo el Antiguo Testamento, los que utilizaban los judíos para dirigirse a Dios.

La revelación fue impresionante para los discípulos pues Jesús les dijo: "Llámenle Padre nuestro. Él es su Padre y esto implica intimidad". Quiere decir que somos hijos y los hijos tienen libertad para estar cerca de su Padre, para recibir su amor y sus enseñanzas. El discipulado es entonces uno de los ejercicios principales para formar nuestro carácter de "hijos–discípulos".

Cristo, después de que resucitó, dijo: *"Vayan y hagan discípulos de todas las naciones, bautizándolos en el nombre del Padre y del Hijo y del Espíritu Santo" (Mateo 28:19, NTV).* Nos envió claramente a hacer discípulos de él a todo el mundo. La esencia de un verdadero discípulo se encuentra en la persona misma de Cristo. Jesús dijo en Mateo 11:29: *"Llevad mi yugo sobre vosotros, y aprended de mí, que soy manso y humilde de corazón; y hallaréis descanso para vuestras almas".* Es decir, ser manso y humilde es algo que se aprende. Algo revelador para todos nosotros es que nuestra meta más relevante debe ser vivir como Cristo: aprender su mansedumbre y su humildad. Eso se logra con la transformación del Espíritu Santo obrando en nuestras vidas mediante un discipulado fundamentado en la Palabra de Dios y en el ejemplo de otros hombres que la honran con sus vidas.

Dios diseñó la iglesia, entre otros propósitos, para suplir nuestras necesidades fundamentales de amor, seguridad y disciplina. Originalmente creó la familia con ese fin, pero en el principio Satanás robó ese propósito y dañó el diseño familiar. Jesús, en la Cruz, rescata ese diseño y se lo encarga a la iglesia, que es "la familia de Dios". Efesios 2:19 afirma: *"Ahora ustedes, los gentiles, ya no son unos desconocidos ni extranjeros. Son ciudadanos junto con todo el pueblo santo de Dios. Son miembros de la familia de Dios" (NTV).*

Algunos hombres no disfrutan del gran privilegio de ser miembros de la familia de Dios, pues confrontan problemas para entender realmente lo que es un núcleo familiar. Sus experiencias traumáticas en el seno del hogar han sido tan severas que su concepción de lo que son los hermanos, los padres y los hijos es totalmente errada. Su desarrollo en el servicio a Dios estará limitado si no recuperan el corazón de hijo-discípulo.

Cuando llegué por primera vez a la familia de Dios, me impactó el afecto, la cobertura y el amor de mis pastores y hermanos en la fe. Realmente comencé a comprender la profundidad de la decisión de vivir en Dios a través de ellos. Su ejemplo, su cuidado y sus enseñanzas contrastaban totalmente con lo que había vivido en mi crianza. Comenzaron a discipularme con todo lo que decían y hacían. Su anhelo por honrar la Palabra de Dios y su visión de vivir en santidad y honestidad, confrontaron casi todo lo que había aprendido.

Tener padres en la fe es un regalo importantísimo para una vida tan complicada. Timoteo lo sabía muy bien porque tuvo un proceso de discipulado intenso, y lo vemos reflejado en dos cartas relevantes de su padre en la fe, Pablo. La primera comienza de esta forma: *"A Timoteo, verdadero hijo en la fe: Gracia, misericordia y paz, de Dios nuestro Padre y de Cristo Jesús nuestro Señor" (1 Timoteo 1:2)*. La segunda carta, que se cree fue la última que el apóstol escribió antes de morir, dice: *"Tú, en cambio, has seguido paso a paso mis enseñanzas, mi manera de vivir, mi propósito, mi fe, mi paciencia, mi amor, mi constancia, mis persecuciones y mis sufrimientos" (2 Timoteo 3:10, NVI)*.

El discípulo viene a ser un tipo de hijo para quien lo instruye; el discípulo es criado, formado, enseñado y entrenado por su padre o sus padres en la fe. El discípulo crece en madurez (acepta responsabilidad) y disciplina (somete su estilo de vida a sus responsabilidades). Cuando somos hombres discipulados, crecemos y maduramos en el carácter de Dios.

Pablo nos muestra la importancia de las etapas de la transformación espiritual como hombres. *"Cuando yo era niño, hablaba como niño [...]; mas cuando ya fui hombre, dejé lo que era de niño" (1 Corintios 13:11)*, y también afirma: *"Hermanos, no seáis niños en el modo de pensar, sino [...] maduros en el modo de pensar" (1 Corintios 14:20)*. Es decir, cuando comenzamos en la vida de Dios, somos niños espirituales, pero no podemos quedarnos de esa maner. Es necesario crecer. Cuando un niño en la fe es saludable, crece, se desarrolla y madura con un proceso integral de discipulado de Dios y de sus padres en la fe.

Un hijo-discípulo es aquel que quiere vivir las enseñanzas de su Padre Dios ayudado por sus padres en la fe.

En el Nuevo Testamento, hay dos palabras del griego que se utilizan para describir a los hijos. En primer lugar está *tecnón*, en Juan 1:12, que significa "hijo por nacimiento". En segundo lugar, *huíos*, que se utiliza en Romanos 8:14, refiriéndose a los que son guiados por el Espíritu de Dios. Así que, los hijos *huíos* son hijos maduros guiados por el Espíritu. Un hijo maduro se desarrolla con características que lo hacen bien parecido a sus padres.

Hay una etapa en la vida para ser bebés en Cristo; a los bebés, se les permite hacer cosas que de seguro a alguien con mayor edad no se le consiente. "Sean niños" no se refiere a que seamos niños en inmadurez, sino en la falta de malicia. El problema principal es seguir actuando inmaduramente aun cuando hayamos recibido palabras de dirección y herramientas.

Los religiosos y los fariseos que procuraban que Jesús muriera en la cruz tenían conocimiento de la Palabra, pero no habían madurado en la aplicación de ella. A veces, pensamos que servir a Dios es simple asunto de cambiar nuestras conductas y comportamientos. Pensamos que la definición más profunda de consagración y testimonio es cuando nuestro comportamiento ha cambiado. Pero es importante que entendamos que Jesús no está interesado en cambiar únicamente tu conducta, sino en cambiar tu manera de pensar. Cuando esta cambia, ocurre una transformación inevitable en tu conducta. Esto es lo que diferencia a los niños de los hombres. Nuestro proceder implica un cambio de madurez espiritual que se traduce en reconocer que necesitamos una modificación en la forma de pensar y ser moldeables. En la primera carta de Pablo a los corintios, se nos dice que nosotros, por nuestra parte, *"entendemos estas cosas porque tenemos la mente de Cristo" (1 Corintios 2:16, NTV)*. Esa promesa implica que nuestras mentes son renovadas por la mente de Cristo mediante la transformación por su Espíritu Santo.

Cuando estamos dispuestos a ser moldeados por Dios, podemos aprender de la mente de Cristo en su Palabra y además "desaprender" lo que nos han enseñado incorrectamente. Nuestra cultura les enseña muchos mitos a los hombres, y es necesario reconocer que no son correctos. Por ejemplo: "Palo que nace doblado jamás su tronco endereza"; "Perro viejo no aprende trucos nuevos". Tenemos que creer que podremos sobreponernos a nuestra cultura y sus mitos, ya que esclavizan nuestras mentes. Nuestro pasado no debe marcar lo que seremos en el futuro. Nuestro tronco se puede enderezar y podemos aprender procesos nuevos a través de la gracia poderosa de Dios.

¿Qué nos impide aprender? El orgullo masculino a menudo nos impide anhelar aprender actitudes renovadas. Tenemos que amar el aprender para poder ser hijos-discípulos. Aquel que ama aprender ama el consejo y ama la corrección. Es un discípulo humilde de corazón. En palabras del sabio Salomón, *"Pobreza y vergüenza tendrá el que menosprecia el consejo; mas el que guarda la corrección recibirá honra" (Proverbios 13:18)*; y añade: *"El oído que escucha las amonestaciones de la vida, entre los sabios morará. El que tiene en poco la disciplina menosprecia su alma; mas el que escucha la corrección tiene entendimiento" (Proverbios 15:31-32)*.

No podemos ser indiferentes ante la dirección de Dios y menospreciar el consejo, ya que nos perdemos la bendición de la transformación mediante su Espíritu Santo. En ocasiones, algunos dicen: "Es que así no soy yo y me siento hipócrita actuando de otra manera". Sin embargo, tenemos que entender que actuar con obediencia no es hipocresía. La madurez no se mide por el conocimiento bíblico que tengas, sino por la aplicación de lo que aprendes. La aplicación más simple que demuestra madurez es la OBEDIENCIA. Como padre, sé que mis hijos están madurando cuando su capacidad de obedecer aumenta. Así mismo, eres un hijo maduro cuando eres capaz de obedecer los principios de la Palabra de Dios.

Los padres espirituales tienen la responsabilidad de discipular con su ejemplo. Eso es alimento saludable para el discípulo en medio del camino. Un verdadero discipulador no dirige al aprendiz hacia sí mismo, sino a Dios. *"Porque aunque tengáis diez mil ayos en Cristo, no tendréis muchos padres; pues en Cristo Jesús yo os engendré por medio del evangelio. Por tanto, os ruego que me imitéis" (1 Corintios 4:15-16).* Pablo establece que tenemos padres espirituales. No podemos ser huérfanos en nuestras vidas espirituales. Dios diseñó la comunión de la iglesia para que la paternidad espiritual promueva, mediante el ejemplo, actitudes y caracteres renovados. Por eso Pablo se atrevió a decir: "Les ruego que me imiten". Digo que se atrevió porque para muchos es más fácil decir no me imites a mí, sino a Dios.

Pablo entendía la importancia de ser ejemplo y que otros pudieran ver los frutos de su vida. La manera más efectiva de discipular es modelando el carácter de Cristo en todo lo que hacemos. El discipulado no es una clase bíblica, sino un estilo de vida gracias a la misericordia de Dios operando en nosotros. Muchos hombres de Dios me mostraron la realidad del evangelio con sus vidas, con sus acciones como esposos, como padres, como ministros del evangelio y como hombres de palabra. Realmente sé que estoy sobre los hombros de estos grandes hombres de Dios, que no serán famosos para muchos, pero para mí son dignos de admiración.

Antes de comenzar como pastor, le pregunté a uno de mis pastores cuál era su mayor consejo para esta nueva etapa en mi vida. Su contestación fue muy interesante. Me dijo: "Nunca permitas que tu corazón se canse de ser discipulado por la Palabra de Dios, ni dejes de ser hijo-discípulo". He intentado cumplir este consejo con todas mis fuerzas. Tanto me bendijo ese pastor con su consejo que, aunque ya he pasado más de dos décadas como pastor, periódicamente aparto tiempo para tener discipulado con él y para ingerir alimentos saludables que se preservan en el tiempo durante la travesía.

Su ejemplo ha sido para mí un norte que me guía en el pastorado y estoy convencido de que Dios puso en mi camino este padre espiritual para los momentos más complejos de mi vida. Tener más autoridad te hace más responsable. Por eso, si antes guardaba mi corazón, ahora soy doblemente responsable y necesito cuidar de mí mismo. En palabras de Pablo a Timoteo, *"Ten cuidado de ti mismo y de la doctrina; persiste en ello, pues haciendo esto, te salvarás a ti mismo y a los que te oyeren" (1 Timoteo 4:16).*

Reconocer la necesidad que tenemos de ser discípulos bendice todo lo que hacemos porque no nos apoyamos en nuestra propia prudencia. Entendemos la necesidad que tenemos de rendir cuentas regularmente porque mientras más conocemos, más peligrosos podemos ser para nosotros mismos. Necesitamos tener siempre un corazón de discípulo y ser diligentes en cuanto a promover los espacios de edificación para seguir aprendiendo. Dios anhela enseñarnos en todas las circunstancias de la vida y con su Palabra utiliza consejos sabios de padres espirituales que fomentan la santidad y el carácter renovado.

En las Olimpiadas del año 2012, en Londres, ocurrió un suceso que marcó la historia de los Juegos Olímpicos para siempre. El nadador Michael Phelps ganó un total de veintidós medallas olímpicas en toda su carrera: más que cualquier deportista olímpico hasta la fecha. Hasta el año 2012, Phelps rompió treinta y siete récords mundiales en natación. Es considerado el mejor nadador de todos los tiempos. Ese atleta me sorprendió en una de sus entrevistas cuando mostraron un video de él practicando en la piscina olímpica y conversando con su entrenador Bob Bowman. El reportero le pide que le diga sobre qué tema estaban hablando en ese momento. Phelps le indica que le estaba agradeciendo los catorce años que invirtió en su vida. En el video, se observa a Bowman limpiando sus ojos llenos de lágrimas. Phelps se conmovió en la entrevista y explicó que, aunque tenía las medallas en su cuello, parte sustancial de ellas le correspondía a su entrenador.

La esencia del discipulado es que necesitamos entrenamiento y entrenadores que puedan darnos ejemplo, señalar nuestras debilidades para convertirlas en fortalezas y brindarnos dirección con su experiencia. No es necesario que aprendamos cometiendo errores. Podemos librarnos de cometerlos si somos sabios al seguir los consejos de la Palabra de Dios y de aquellos que la honran. Los entrenadores observan el panorama desde una perspectiva diferente. Por eso necesitamos tener suficiente humildad para recibir su instrucción y su corrección, aun cuando pensemos que estamos en lo correcto.

Hombre, necesitas actuar en el proceso de discipulado y necesitas estudiar la Palabra de Dios para vivirla y aplicarla en todas las instancias de tu existencia. Hubo momentos en mi vida en que el discipulado de la Palabra de Dios evitó errores que todavía estaría lamentando. Cuando recibimos de un discipulador y padre espiritual un consejo basado en las Escrituras, debemos ser diligentes en cuanto a prestar atención porque el discipulado es una relación profunda de amistad. Jesús les dijo a sus discípulos que los llamaría amigos porque les había revelado toda la verdad (Juan 15:15). Es imposible pretender discipular a otros si no se cumplen tres requisitos principales. Primero, ser discípulo verdadero de Cristo y su Palabra; segundo, practicar la comunión con los hermanos en el ambiente de la iglesia; y tercero, tener padres-mentores espirituales que puedan bendecirnos con su cuidado de nosotros.

Sobre el discipulado me interesa señalar que los padres espirituales también tendrán momentos en los que necesitarán el apoyo y la cobertura de sus discípulos. Jesús anhelaba que ellos estuvieran con él esa última noche en el monte de los Olivos antes de que lo arrestaran. Pablo le escribió a su hijo en la fe: *"Timoteo, por favor, ven lo más pronto posible" (2 Timoteo 4:9, NTV)*. El proceso del discipulador establece una relación intensa de amistad y servicio mutuo. No estoy de acuerdo con la visión esclavista y abusiva de los que están al cuidado de los discipuladores. Dios nos llamó a discipular con base en la amistad que él nos regaló.

Por eso hago eco de las palabras de Pedro cuando escribió: *"No como teniendo señorío sobre los que están a vuestro cuidado, sino siendo ejemplos de la grey" (1 Pedro 5:3)*. El discipulado no es una licencia para que aquellos que reciben las enseñanzas tengan que hacer todo lo que les digamos de forma obligada. Dios no obliga a nadie a nada, sino que con su ejemplo de amor, misericordia, entrega y muerte en la cruz nos conquista. Ser ejemplo es el llamado principal de todo aquel que pretenda discipular a otros. Nuestras palabras pueden conmover a muchos, pero nuestras vidas son las que convencen realmente.

Sé que la iglesia de este siglo en algunos aspectos se ha vuelto muy impersonal. La gente asiste a ella, recibe un sermón sentado lo más lejos posible de otras personas y, en cuanto termina, comienza la carrera por quién llega primero al estacionamiento y sale más rápido, sin intercambiar palabras con nadie. Vivimos tan enajenados los unos de los otros que tenemos controles de acceso a nuestras vidas. Pero el comienzo de la iglesia en el libro de Hechos nos refleja todo lo contrario. La iglesia del primer siglo se reunía en las casas, comían juntos, compartían todas las cosas y no había necesidad entre ellos (Hechos 2:44-47). Se cubrían las espaldas y anhelaban estar juntos creciendo en la Palabra de Dios. Algunos estuvieron dispuestos a predicar la Palabra en tiempos de persecución y hasta corrían el riesgo de morir por la causa de Cristo.

Debemos comenzar a mirarnos en el espejo de esa iglesia de los Hechos. El código hereditario de la iglesia de Cristo es una familia de hermanos que crecen juntos y se ayudan mutuamente, amándose con amor entrañable. Soportando, corrigiendo, edificando y cuidando los unos de los otros. El discipulado no es una palabra nueva, ni pretendo que sea una nueva revelación. Sencillamente es la realidad del mandato directo de Jesús para que nos amemos unos a otros como él nos amó. El discipulado permite que los equipos de amigos se fortalezcan y funcionen como un solo hombre.

La esencia del discipulado es la convicción atinada de que *"toda la Escritura es inspirada por Dios, y útil para enseñar, para redargüir, para corregir, para instruir en justicia, a fin de que el hombre de Dios sea perfecto, enteramente preparado para toda buena obra" (2 Timoteo 3:16-17).* Cuando fundamentamos el discipulado en la Palabra de Dios, recibimos enseñanza y corrección y nos convertimos en hombres preparados para las buenas obras. Esa es la promesa. Ancla tu vida en el puerto de la Palabra de Dios para que vivas según su diseño y su dirección para siempre.

Anhelar el discipulado no es suficiente. Necesitas moverte en una dirección proactiva para recibirlo. Debes buscar la ayuda de tus líderes y pastores en tu iglesia y pasar tiempo juntos y en comunión con ellos. Como algunos pastores vivían muy lejos de mi hogar, recuerdo que a mis catorce años me esforzaba y ahorraba dinero para transportarme de un lado a otro de la isla con el único propósito de recibir las enseñanzas y ver el ejemplo de aquellos que ya tenían bastante tiempo viviendo al nivel de las Escrituras.

Varón, necesitas ser un hombre discipulado. Cuando te conviertes en un hombre discipulado, Dios pone a otros hombres a tu cuidado para que puedas enseñarles con la misma intensidad que fuiste enseñado. El requisito principal para discipular a otros es tener un corazón de discípulo. Este el mayor llamado del evangelio. Dios, en su infinita misericordia, nos delegó el ministerio de la reconciliación por medio de Cristo y nos mandó a discipular a todas las naciones.

La enseñanza principal es que primero seamos discípulos de Jesús, ya que anhela que estemos con él; lo que hagamos para su obra es secundario, pues es fruto de permanecer en la raíz de su Palabra. Es tiempo de levantarnos, dispuestos con todo el corazón, y decidir ser discípulos moldeables por el carácter y la dirección divina. Para ello, Dios nos ayudará a formar nuestro *Dream Team*, con las estrellas que tienen más y mejor experiencia para bendecirnos.

El año 2011 fue frustrante para LeBron James. Se cambió del equipo de Cleveland a Miami Heat. Todo el mundo esperaba que ganaran el campeonato inmediatamente, pero no fue así. Un frustrado LeBron tomó la decisión firme de buscar un mentor. Se dio cuenta de que necesitaba añadir a su talento diversos movimientos para mejorar su nivel de juego. Así que casi todo el verano de ese mismo año, se acuarteló en una cancha de Tejas con uno de los mejores jugadores de la historia, el nigeriano Hakeem Olajuwon[1]. Este jugador ganó dos campeonatos de la NBA en la década de los noventa y además tenía el mejor movimiento de espaldas al canasto que se había visto en toda la historia del baloncesto. LeBron necesitaba ese movimiento y decidió ser discipulado para lograrlo. La historia es muy simple: en el año 2012, LeBron James alcanzó el primer campeonato de la NBA.

Necesitamos acuartelarnos para recibir las enseñanzas de los padres espirituales que bendigan nuestras vidas para seguir el camino correcto. Además, necesitamos discípulos que entiendan la profundidad de ese proceso y a su vez anhelen discipular a otros, de modo que se conviertan en los nuevos padres espirituales que hacen falta en nuestras iglesias y en nuestra sociedad. Hombres que se interesen en ser ejemplo para otros y que sean los nuevos HÉROES que nuestro mundo necesita.

REFLEXIONA

1. ¿Valoro la importancia de ser un hombre discipulado?

2. Necesito ser un hombre discipulado porque
   ________________________.

3. ¿Cómo es mi relación de discipulado con mis padres espirituales?

PRINCIPIO HÉROE 10

EQUIPADO PARA SOBREVIVIR

La linterna sirve para alumbrar con el ejemplo el camino para los demás. **Juan 1:47**

PRINCIPIO 10:
HÉROE
LA LINTERNA

LA LINTERNA SIRVE PARA ALUMBRAR CON EL EJEMPLO EL CAMINO PARA LOS DEMÁS.

"Porque el anhelo ardiente de la creación es el aguardar la manifestación de los hijos de Dios".
Romanos 8:19

Mis tres hijos son muy diferentes y especiales. Me parece sorprendente que cada uno de ellos exige de mí una visión clara para ministrarles el amor de Dios y enseñarles a vivir con un carácter correcto. Por ser los tres varones, disfrutaban increíblemente cuando veíamos películas de superhéroes. Algo que ocurría cada vez que veíamos una era que, desde el comienzo de la película, ellos comenzaban a decir que eran el superhéroe. Era entonces que se iniciaba la discusión entre ellos. Los tres querían ser el Hombre Araña, Supermán o Batman. Gracias a Dios por los Avengers porque, como son varios superhéroes en la misma película, había posibilidades para los tres. Sin embargo, a veces se turnaban para asumir el papel del superhéroe, dígase Ironman, Hulk o Thor. Ellos querían ser como uno de esos héroes y demostrar que tenían sus poderes y que podían actuar como ellos.

En una ocasión, mientras estábamos viendo una de esas películas, me impresionó la manera en que ellos admiraban a sus superhéroes (hasta se disfrazaron como ellos, con sus uniformes), por lo que reflexioné en la intensidad de su admiración. Esa reflexión me llevó a concluir que, en la película de mi vida, debo anhelar que mis hijos quieran ser el héroe que ven en mí. Que cuando pasen las diversas etapas de su vida, puedan sentarse con admiración y decir: "Quiero ser como mi papá. Quiero ponerme su uniforme de hombre de Dios. Quiero ser un héroe como él".

La primera vez que a mi hijo mayor le preguntaron qué quería ser cuando fuese grande, tenía cuatro años y contestó sin vacilar: "Quiero ser como mi papá". En ese momento, el "pecho se me infló". Parecía que se lo había dicho con anterioridad, pero no fue así. Él lo dijo convencido y firme. Eso estremeció mi corazón y mi espíritu. Al principio, me sentí admirado, pero luego me invadió un pensamiento que estoy seguro provino de Dios. "Nando, no dañes la impresión que tiene de ti. No hagas que se desilusione con tus acciones y actitudes. Que siempre quiera verte con admiración. Que siempre seas su **HÉROE**".

Necesito ser un héroe para ellos. Tengo la maravillosa responsabilidad de mostrar la realidad de Dios en lo más íntimo de mi hogar. Mi casa debe ser el lugar en el que mis hijos anhelen ser como yo. Obviamente, como hombres, hemos anhelado ser héroes. Nos deslumbran con sus poderes y herramientas de trabajo. Los admiramos porque siempre ganan y rescatan hermosas mujeres o niños en peligro.

Ahora bien, los héroes también decepcionan cuando no cumplen sus promesas. Nunca verás que un héroe permanece sin hacer nada luego de haber fallado. En la mayoría de ese tipo de películas, el héroe entra en una etapa de frustración hasta que logra recibir nuevas fuerzas para volver a las andanzas y rescatar a las víctimas. Esa es mi exhortación para tu vida. Es tiempo de levantarte de tu decepción y retomar el camino que Dios ha trazado para ti.

Necesitamos la linterna en nuestra mochila porque con ella podemos alumbrar nuestro camino y, a la vez, el camino para otros. Los momentos de oscuridad son imperceptibles con solo un poco de luz. Cuando un hombre utiliza la linterna de la intensidad de su corazón, alumbra a su familia, a su esposa, a sus hijos y a toda la sociedad. Tener una linterna indica que estás preparado para mostrarles el camino a otros con tu ejemplo y tu dirección. La luz marca el camino de la supervivencia cuando somos capaces de compartirla. Es en este momento que nos convertimos en héroes.

Me gustaría escudriñar Romanos 8:19 para ilustrar por qué debemos ser héroes.

Porque el anhelo ardiente de la creación es el aguardar la manifestación de los hijos de Dios.

El anhelo ardiente de la creación. El mundo, la gente, todo lo que nos rodea está aguardando algo. Pero lo aguarda ardientemente; es decir, con expectativas altas, quizás las más altas que jamás hayan existido.

La manifestación de los hijos de Dios. Si te fijaste bien, verás que no es la manifestación de Dios, sino de los **HIJOS DE DIOS**. La manifestación de Dios sobre nosotros como sus hijos es lo que la creación aguarda. La manifestación de los hijos de Dios es la que nos dirige a establecer unas características que deben evidenciar esa manifestación. El concepto de manifestación aparece en nueve ocasiones en la Biblia entre las siguientes citas:

Manifestación de la justicia de Dios
(Romanos 2:5, NTV; Romanos 3:25)
Manifestación de la verdad
(2 Corintios 4:2)
Manifestación del Espíritu
(1 Corintios 12:7)
Manifestación de Jesucristo
(1 Corintios 1:7; Lucas 1:80; 2 Timoteo 4:1; Tito 2:13)
Manifestación de los hijos de Dios
(Romanos 8:19)

El vocablo manifestación, en todas estas referencias, tiene significados diferentes en el original griego[1]. Cuando habla de la manifestación de la verdad y de la manifestación del Espíritu, se refiere a *phanerōsis*, que quiere decir "expresión". Cuando la Biblia se refiere a manifestación de Jesucristo, manifestación de justicia y manifestación de los hijos de Dios, utiliza el significado de *Apokalupsis*. Cuando analizamos la etimología de esta palabra tan conocida, "Apocalipsis", observamos que su significado principal es revelación, aparición, venida, luz. Por lo que podemos leer el texto de Romanos 8:19 de esta forma: "La manifestación de esta generación será la revelación, la aparición, la venida y la luz de los hijos de Dios sobre este mundo que lo aguarda ardientemente".

Hijos que son revelados, que aparecen, que vienen y que son luz. La manifestación no es otra cosa que lo que anhela toda la gente: una generación de personas reales y genuinas que revelen la verdad de lo que son, que aparezcan sin engaño, que vengan e impacten y que alumbren con su luz todo lo que los rodea. Esa manifestación requiere unas responsabilidades y características que representen los frutos de una generación de hombres que son una revelación, una aparición, una venida y que alumbran con su luz.

Es decir que los hijos de Dios marcan sus familias, sus lugares de trabajo, sus amigos y sus comunidades con la manifestación de Dios en sus vidas. Lo esencial no es lo que digamos que somos, sino lo que verdaderamente somos. Cuando pretendemos ser héroes espirituales, transmitimos lo que somos, no lo que decimos que somos.

Uno de mis superhéroes favoritos es Batman. Hace poco, viendo una de sus películas, me impresionó el hecho de que quizás sea el único superhéroe que no tiene poderes sobrenaturales. Es simplemente un hombre que decide actuar por la justicia. Sus poderes residen en su convencimiento y los aparatos que ha construido para poder derrotar a sus enemigos. En un momento de la película, Gordon (el jefe de la policía) le dice a Batman que Ciudad Gótica lo necesita, y el hombre murciélago le contesta: "Cualquiera puede llevar una capa y ser héroe. Solo necesita actuar como tal".

Quiero animarte a actuar como héroe sin importar cuántas veces hayas caído ni cuán grande haya sido tu error. En Cristo Jesús, cualquiera que mira a Dios y rinde su corazón para ser discipulado se puede convertir en un héroe. Si llegaste hasta este capítulo del libro, te felicito porque eso implica que tomaste acciones contundentes en cuanto a querer ser edificado por otros. No esperes sentir algo para decidir. Es tiempo de decidir aunque no sientas nada. Te aseguro que Dios permitirá que veas los frutos de tus decisiones.

Es tiempo de creer que podemos ser héroes para nuestras esposas, nuestros hijos e hijas, nuestras familias, nuestras iglesias y nuestra sociedad. Siempre impactará mi corazón la historia en el libro de Nehemías, el copero del rey. Nehemías no tenía ningún título importante. Siendo copero, tenía que probar toda la comida del rey antes que él. O sea que su vida corría peligro tres veces al día —por lo menos—, ya que en esa época la forma más rápida de hacer un golpe de estado era envenenando al rey con su comida.

Nehemías se enteró de lo mal que estaba su pueblo en Jerusalén y oró a Dios para poder ser parte del proceso de reconstrucción de una ciudad en ruinas que tenía ya cien años con el muro en el suelo. Lo primero que hizo este héroe del Antiguo Testamento fue clamar a Dios para que estuviese con él de modo que pudiera hallar favor ante el rey para ayudar a su pueblo. El favor de Dios no lo abandonó y el rey no solamente lo dejó ir a Jerusalén; también le brindó los materiales y las provisiones necesarias para la restauración de su pueblo.

Una vez que llegó a su pueblo, todo el mundo estaba desanimado. Nadie quería hacer nada. Por eso, Nehemías se levantó con la autoridad de Dios y, como héroe, los convenció a todos de la importancia de levantar el muro para sus familias y futuras generaciones. Les brindó identidad como pueblo de Dios y les inspiró fe. Además, los ubicó por familias para la reconstrucción y cada jefe de familia era responsable de la parte del muro que estaba frente a su casa. Un héroe con el corazón ideal levanta a otros héroes. Aquellos hombres construían con una mano y con la otra velaban por si el enemigo venía a destruir lo que estaban levantando. Un muro que estuvo cien años en el suelo se levantó en cincuenta y seis días. Nehemías cambió de empleo: de copero pasó a ser gobernador de Jerusalén.

Es tiempo de que reconstruyas frente a tu casa, con una mano trabajando en la reconstrucción y con la otra velando por tu familia con mucha valentía y dirección de Dios. Estamos viviendo una época en la que los hombres han dejado su posición de bendición en sus familias. Tenemos esposas que sufren la ausencia espiritual de un hombre que se levante en su hogar con una palabra de Dios para ella y su progenie. Mujeres que llevan mucho tiempo orando por sus esposos para que sean verdaderos ejemplos para sus hijos.

Mujeres que oran que sus esposos no solamente provean para su hogar en términos económicos, sino también en lo espiritual y en el amor que crece. Para que se conviertan en sacerdotes del hogar. Para que sean hijos e hijas que anhelan admirar el corazón, la entrega y la valentía de su padre. Que oran a Dios porque su papá le sirva a Dios con intensidad porque saben que, una vez que eso ocurra, serán héroes reales y no de películas: héroes que verán con admiración cada día.

Puede ser que alguno esté pensando: *Pero, pastor, a mí se me pasó el tiempo. Si hubiera leído este libro hace veinte años, lo pondría en práctica, pero ya es demasiado tarde*. Siempre hay tiempo. Quizás sea un buen momento para acercarte a tus hijos e hijas y pedirles perdón. Quizás sea el tiempo propicio para decirles que hubieras anhelado cubrirlos, pero hubo verdades que no conociste hasta este momento. Puede ser que sea un poco difícil para ellos digerir todo eso después de tanto tiempo, pero sé que si tu actitud es la correcta y tienes un corazón genuino y arrepentido, Dios te va a honrar. Ahora bien, permíteles el espacio para que puedan procesar tu perdón. Puede que tengas nietos con los cuales puedas recapitular y brindarles un buen ejemplo y hasta te sorprendan viéndote como héroe. Nunca es tarde para ver la misericordia de Dios en tu vida.

Y hablando de héroes, cuando nos referimos a los de la NBA, es muy fácil señalar a Jordan, Magic Johnson y Larry Bird, pero desde el año 2012, debemos añadir a alguien a la lista: el novato Jeremy Lin. Lin cautivó a toda la ciudad de Nueva York en solo veinticinco juegos. Este joven de origen asiático, en una entrevista en el 2010, dijo que su mayor aspiración era llegar a la NBA para poder hablarle —a través del deporte— a más gente acerca de la Palabra de Dios y de lo que Cristo había hecho en su vida.

Los Lin son una familia asiática cuya estatura promedio era 1,65 metros. Jeremy fue el único de los hijos que creció en su adolescencia de 1,60 a 1,92. Así que obtuvo una beca en la Universidad de Harvard y jugó para su equipo de baloncesto, demostrando que tenía buenas condiciones, las que lo llevaron a un campeonato universitario. Fue seleccionado por el equipo de la NBA de los Golden State Warriors y, sin pasar mucho tiempo de juego, fue cambiado a los Houston Rockets. No duró mucho en ese equipo y se quedó sin empleo. Debido a varias lesiones de algunos jugadores del equipo de Nueva York decidieron contratar a Jeremy Lin por diez días para completar la plantilla.

Y ocurrió lo inesperado: en su primer juego —apenas saliendo del banco—, encestó veinticinco puntos; en el segundo juego logró veintisiete; en el tercero veintitrés; en el cuarto veintiocho y en el quinto juego contra Los Angeles Lakers (con Kobe Bryant) anotó treinta y ocho puntos. Los New York Knicks ganaron siete juegos consecutivos. Ningún jugador, desde el año 1977, había tenido ese desempeño en su primera temporada: ni Jordan ni Magic Johnson ni LeBron James ni Kobe Bryant. Por eso se llamó *Linsanity* a todo aquello que tenía que ver con Jeremy en los juegos de baloncesto.

El primer libro sobre la historia de Lin[2] salió a la venta en abril del 2012 y narra la historia heroica de este joven jugador. Su camisa con el número 17 fue la segunda más vendida en los Estados Unidos y en todo el mundo en su primer mes de estar en la NBA. La revista *Time* lo ubicó como el asiático más influyente en ese mes. Un joven que había dormido en una cama inflable en el dormitorio de su hermano y que no había tenido empleo fijo ahora se convertía en la figura principal de Nueva York.

Ahora bien, lo más impactante de la historia de Lin es que decidió nunca olvidar las razones principales por las que Dios permitió que llegara a esa posición de influencia. Dios ubica a sus héroes en lugares de influencia para que puedan ser de bendición a otros. Jeremy entendió eso claramente y comenzó, dondequiera que iba, a testificar de la manera en que Dios tenía todo dentro de su plan perfecto, y le daba toda la gloria a Dios. En resumen, este joven pasó de no tener trabajo seguro —unos seis meses atrás— a convertirse en uno de los jugadores mejor pagados en la NBA. Firmó un contrato multianual de veinticinco millones de dólares con los Houston Rockets, el equipo que lo dejó fuera de su nómina seis meses antes.

El lugar en el que Dios te ha ubicado y el tiempo que ha determinado para que seas influyente fue orquestado por la perfecta voluntad de Dios. Ni los quebrantos ni las puertas cerradas ni la indiferencia ni el dolor que has vivido es desperdicio para Dios. Él recicla todo para su gloria. Así que no continúes quejándote del proceso que vives. Es tiempo de ir a la presencia de Dios para encontrar enfoque, dirección, respuestas y acciones sabias en medio del quebranto.

Hombre, se requiere madurez, integridad y claridad de propósito para ser un héroe en medio de una sociedad que colapsa por el divorcio, la violencia doméstica, la destrucción familiar, los asesinatos, los niños maltratados, el engaño del poder y el amor al dinero. Es para este tiempo que Dios nos pide levantarnos como hombres discipulados, como héroes con una transformación espiritual real que poseen armas poderosas como la fe y la oración.

Mientras reflexionaba acerca de la hombría tan necesaria en estos tiempos, pensé en la palabra **HÉROE** y lo que ella implica. Para mí, el acrónimo del término representa lo siguiente:

***H**OMBRES*
***E**DIFICADOS*
***R**ESTAURADORES*
***O**FRECIENDO*
***E**JEMPLO*

Hombres renovados con una visión espiritual clara, que edifican su casa, restauran familias y ofrecen ejemplo a toda la sociedad con sus vidas. Héroes que cambian el estereotipo de que todos los hombres son iguales. Hombres que marcan para las futuras generaciones un camino de excelencia en todo lo que hacen. Hombres sanos por dentro, auténticos en sus vidas espirituales, con comunión matrimonial, paternidad responsable, llenos de pureza, con un equipo de amigos que edifican sus vidas, que se levantan a pesar de la crisis, maduros en sus decisiones; **HOMBRES DISCIPULADOS** equipados para sobrevivir.

Todo eso se escucha tan idealista que parece utópico e irreal. Soñar que Dios pueda levantar hombres llenos de su Espíritu Santo para que sean una influencia real en la sociedad es algo que todos debemos anhelar. Así como dijo Martin Luther

King Jr. en su discurso en 1963: "Tengo el sueño de que mis hijos no sean conocidos por el color de su piel, sino por el contenido de su carácter"[3]. Casi cincuenta años después, la segregación racial ya es parte de la historia. Hoy vemos personas negras haciendo la diferencia en todos los ámbitos de la sociedad. Estoy convencido de que el sueño de Dios es muy parecido. Dios anhela que sus hijos ya no sean conocidos por lo que dicen sobre él, sino por el contenido del carácter de Dios evidenciado en los frutos que muestran sus vidas.

Aunque sea idealista, la realidad es que la historia ha sido marcada por gente que creyó que en Dios podemos soñar y ver el resultado. Dios está buscando hombres que estén dispuestos a pararse en la brecha y creer que no todo está perdido, que Dios restaura corazones heridos, familias destruidas, hijos maltratados y sociedades en decadencia. Por eso su llamado sigue siendo: *"Y busqué entre ellos hombre que hiciese vallado y que se pusiese en la brecha delante de mí, a favor de la tierra, para que yo no la destruyese; y no lo hallé" (Ezequiel 22:30).*

Tenemos que pararnos en la brecha e interceder a favor de nuestra tierra, creyendo que la misericordia de Dios nos respalda. Sin embargo, qué triste es leer esas últimas palabras: "Y no lo hallé". Yo quiero que cuando Dios busque a un hombre que haga vallado en su familia, por sus hijos, por su esposa, por su iglesia, por su comunidad, pueda decir: "Y lo hallé". Hallé a mi hijo con un corazón conforme al mío. Mi oración es que Dios nos encuentre haciendo lo que nos llamó a hacer con un corazón saludable, lleno de su gracia, para ser ejemplo a todos los que nos rodean.

Un verdadero héroe es aquel que es capaz de sacrificarse por otros aunque él sea afectado negativamente en el proceso.

Vemos cómo los héroes que se sacrifican, en la vida real, obtienen honra por su abnegación. Ahora bien, es imposible cerrar este capítulo sin hablar de un destacado deportista puertorriqueño de las grandes ligas del béisbol llamado Roberto Clemente[4]. Luego del terrible terremoto que devastó la ciudad de Managua, Nicaragua, el 23 de diciembre de 1972, Clemente comenzó a organizar fondos de auxilio y abastecimiento para las víctimas.

Como se informó que la ayuda extranjera había caído en manos de personas poco honradas, Roberto tomó la decisión de viajar personalmente el 31 de diciembre de 1972 para supervisar la distribución de la ayuda que había recolectado. En el momento culminante de su carrera, cuando había logrado su éxito número tres mil, Roberto Clemente decidió viajar como todo un héroe para ayudar con su presencia a las víctimas de aquel desastre.

Esa noche, el avión se estrelló y murieron todos los tripulantes, incluyendo a Clemente. Su calidad humanitaria nunca será olvidada debido al intenso anhelo que tenía de ser ejemplo para otros. En reconocimiento a su gran gesta, el Salón de la Fama del Béisbol no aplicó el periodo de espera de cinco años para nuevas admisiones y el 6 de agosto de 1973 fue exaltado como el primer latino honrado en esa galería de estrellas deportivas. Ese mismo año, comenzó a otorgarse anualmente el Premio Roberto Clemente al jugador que mejor ejemplificaba los estándares del buen deporte y los valores humanitarios. Roberto fue y es la imagen de un hombre que con su servicio de amor y sacrificio marcó —con su linterna— el camino de ejemplo para otros.

Para estar equipados, debemos asumir la responsabilidad de vivir los principios revelados por Dios en su Palabra y estar dispuestos a aplicarlos en todas las circunstancias de nuestras vidas. El que quiere sobrevivir en medio de la selva necesita estar preparado y alerta para afrontar lo que pueda suceder. Necesita la brújula para tener dirección, aun cuando todo parezca igual y se vea oscuro. Necesita alimento nutritivo y agua en abundancia para evitar el desgaste físico. Necesita compañeros de misión para que se ayuden mutuamente. Necesita instrumentos para poder escalar las montañas y fijar sus anclajes en las rocas. Necesita sogas para amarrarse a los principios espirituales y amarrar a sus futuras generaciones. Por último, necesita creer que Dios es fiel y tiene todo bajo control.

Amigo y hermano, hoy te presento un tremendo reto. Es tiempo de utilizar las herramientas que has recibido mediante la lectura de este libro. No quiere decir que vayas a lograr todo rápidamente. Tienes que ser paciente y entender que lo más importante es llevar el proceso poco a poco. Deuteronomio 7:22 nos enseña que *"Jehová tu Dios echará a estas naciones de delante de ti poco a poco; no podrás acabar con ellas en seguida, para que las fieras del campo no se aumenten contra ti".* Hay un proceso para cada etapa de tu vida; por eso es necesario que creas que Dios va contigo al paso que puedas andar. Es mucho mejor realizar un cambio firme en tu vida, aunque sea poco a poco, que lanzarte a hacer muchos que sean poco duraderos.

Ahora bien, te quiero regalar una promesa de Dios para los que están dispuestos a aceptar el reto. *"Los ojos de Jehová contemplan toda la tierra, para mostrar su poder a favor de los que tienen corazón perfecto para con él" (2 Crónicas 16:9).* Dios está buscando héroes, y es sorprendente cuando dice que sus ojos contemplan toda la tierra porque anhela mostrar su poder a favor de los que tienen un corazón conforme al suyo. Eso me recuerda la historia de David: cuando Dios le dijo a Samuel que él no miraba lo que mira el hombre, sino que veía el corazón.

Sus ojos están viendo en lo más profundo de tu corazón para mostrar su poder a favor tuyo. Poder de Dios para sanar, restaurar, transformar y reconstruir.

Nuestro viaje comenzó con el texto:

> *Lo que has oído de mí ante muchos testigos, esto encarga a hombres fieles que sean idóneos para enseñar también a otros.*
> ***2 Timoteo 2:2***

Cuando Pablo le escribió esto a Timoteo, su propósito principal fue que supiera que las enseñanzas que había recibido le servirían para sobrevivir a todas las circunstancias de su vida y las de aquellos que él impactara con su ejemplo. Esas enseñanzas son tan esenciales para sobrevivir que solo los hombres fieles e idóneos podrán transmitirlas a otros. Ese es el mayor reto que asumiremos como hombres: tener la madurez de vivir los principios para poder enseñarlos con el ejemplo del diseño de Dios reflejado en nuestras vidas.

Es tiempo de que los hombres de Dios se levanten con su autoridad y su dirección para marcar la historia de sus vidas para siempre. Ruego a Dios que arda en ti un fuego intenso por vivir sus principios en todas las áreas de tu vida. Me fascina como Pablo define esto: *"Hermanos, yo mismo no pretendo haberlo ya alcanzado; pero una cosa hago: olvidando ciertamente lo que queda atrás, y extendiéndome a lo que está delante, prosigo a la meta, al premio del supremo llamamiento de Dios en Cristo Jesús" (Filipenses 3:13-14).*

Podemos ser héroes puesto que seguimos al mejor superhéroe que ha existido en la historia: Jesús, el Hijo de Dios. Si todavía no has aceptado a Jesús como tu Señor y Salvador, te invito a que lo hagas con una sencilla oración.

"Padre mío, acepto a tu Hijo Jesucristo como mi Señor y mi Salvador. Perdona todos mis pecados. Me arrepiento genuinamente. Quiero tener un corazón transformado por ti. Ayúdame a vivir cumpliendo los principios espirituales de tu Palabra divina. Enséñame. Quiero ser tu discípulo y servirte para siempre. Quiero ser un héroe como tú y lograr ser un hombre discipulado, equipado para sobrevivir. En el nombre de Cristo Jesús. Amén".

PRINCIPIO 11
HOMBRE RENOVADO

EQUIPADO PARA SOBREVIVIR

*Para sobrevivir necesitamos ropa nueva que nos distinga como **hombres renovados**.*

PRINCIPIO 11:

HOMBRE RENOVADO

ROPA NUEVA

PARA SOBREVIVIR NECESITAMOS ROPA NUEVA QUE NOS DISTINGA COMO HOMBRES RENOVADOS.

"No os conforméis a este siglo, sino transformaos por medio de la renovación de vuestro entendimiento, para que comprobéis cuál sea la buena voluntad de Dios, agradable y perfecta ".

Romanos 12:2

De forma regular, los autores de los Evangelios en la Biblia nos muestran a Jesús ofreciendo discursos en los que podemos apreciar tres tipos diferentes de audiencias. En primer lugar, tenemos la audiencia de la **MULTITUD**. La **MULTITUD** insaciable que pretende recibir algún beneficio de caminar cerca de Jesús. En una ocasión, Jesús alimentó a la **MULTITUD** con panes y peces; es decir, vieron el milagro de la multiplicación en frente de sus ojos y al otro día fueron a donde estaba Jesús nuevamente y la palabra de Jesús a esa multitud fue muy interesante; les dijo: *"Les digo la verdad, ustedes quieren estar conmigo porque les di de comer, no porque hayan entendido las señales milagrosas" (Juan 6:26, NTV)*. La multitud en ocasiones se acerca por el interés y el beneficio de lo que obtienen para sí, sin necesidad de comprometerse, pensando en el resultado inmediato para satisfacer sus necesidades.

En segundo lugar, tenemos la audiencia de los **RELIGIOSOS**; en algunas ocasiones, eran los fariseos y en otras, los saduceos. A los **RELIGIOSOS**, Jesús les hablaba con palabras firmes y de confrontación con la realidad de su apariencia de ser piadosos. Jesús incluso los llamó hipócritas, sepulcros blanqueados que por fuera se ven hermosos, pero por dentro sus corazones están llenos de huesos de muertos. ¡Guau! Imagino que fue intenso escuchar y comprender ese sermón; al punto de que Jesús les dijo a los apóstoles: *"¿Ustedes también van a marcharse?" (Juan 6:67, NTV).* Porque los **RELIGIOSOS** son confrontados con amor pero también con la verdad. El Señor Jesús los ama tanto que los confronta directamente, pero el religioso lamentablemente se aproxima para ver cómo puede criticar a Jesús. El objetivo principal del religioso es utilizar la apariencia de piedad para obtener un beneficio propio de ganancia deshonesta, fama y posición social. Los **RELIGIOSOS** piensan que sus tradiciones y visión de Dios son correctas, aunque tengan las intenciones incorrectas. Al extremo de que su envidia por Jesús los llevó a pedirles a los romanos que lo crucificaran porque no querían perder su gloria frente al pueblo.

En tercer lugar, tenemos a los **DISCÍPULOS** que definitivamente estaban cerca de Jesús. La **MULTITUD** ve por encima y de lejos; los **RELIGIOSOS** ven desde la envidia y la inflexibilidad, pero a los **DISCÍPULOS**, Jesús les revela todas las cosas, les enseña en la intimidad y les revela su corazón. ¿Usted sabe que tenemos la descripción de la interpretación exegética correcta de la parábola del sembrador debido a que los discípulos en la intimidad se la pidieron a Jesús? Imaginemos la gran cantidad de interpretaciones teológicas sobre lo que quiere decir una semilla junto al camino, entre espinos, en pedregales o en buena tierra. Sin la interpretación de Jesús revelada a los discípulos, tendríamos probablemente la iglesia de los pedregales, la iglesia de los espinos y la iglesia de los de junto al camino.

A los **DISCÍPULOS**, Jesús les indica que les va a explicar la interpretación. Hoy en día, nosotros entendemos que la semilla es la Palabra de Dios y que los diversos terrenos son el corazón. Jesús lo explicó de la siguiente forma:

> *Cuando alguno oye la palabra del reino y no la entiende, viene el malo, y arrebata lo que fue sembrado en su corazón. Este es el que fue sembrado junto al camino. Y el que fue sembrado en pedregales, este es el que oye la palabra, y al momento la recibe con gozo; pero no tiene raíz en sí, sino que es de corta duración, pues al venir la aflicción o la persecución por causa de la palabra, luego tropieza. El que fue sembrado entre espinos, este es el que oye la palabra, pero el afán de este siglo y el engaño de las riquezas ahogan la palabra, y se hace infructuosa. Mas el que fue sembrado en buena tierra, este es el que oye y entiende la palabra, y da fruto; y produce a ciento, a sesenta, y a treinta por uno.*
>
> ***Mateo 13:18-23***

Entiéndase que tenemos una interpretación hermosa y precisa de la parábola porque los **DISCÍPULOS** le preguntaron en intimidad a Jesús.

Precisamente, este es el punto que quiero sembrar en tu corazón. Necesitamos ser **DISCÍPULOS** y necesitamos afirmar que no queremos ser ni multitud ni religiosos. Yo quiero ser un **DISCÍPULO**. Yo quiero ser de aquellos que están cerca de Jesús, lo conocen y quieren ser más como él. Como escribió el apóstol Pablo: *"Mi antiguo yo ha sido crucificado con Cristo. Ya no vivo yo, sino que Cristo vive en mí. Así que vivo en este* *cuerpo terrenal confiando en el Hijo de Dios, quien me amó y se entregó a sí mismo por mí" (Gálatas 2:20, NTV).* Se trata de ver la vida de una manera diferente con el enfoque de un discípulo que quiere aprender, crecer y modelar a Cristo. Nos han enseñado como hombres que, de muchas formas, lo que tenemos que hacer para vivir es perseguir la definición de éxito de este mundo, pero la definición de éxito que nos dejó Jesús se encuentra en esta oración de Juan 17:4 cuando él dice: *"Yo te he glorificado en la tierra; he acabado la obra que me diste que hiciese".* ¿Sabes cuál es la definición más grande de éxito? Es glorificar el nombre de Dios con nuestras vidas y llevar a cabo la misión que Él nos llamó a hacer, como un discípulo que anhela imitarlo. Por eso, Juan el Bautista desde la cárcel mandó a preguntarle a Jesús si él era el mesías que tenía que esperar o necesitaba esperar a otro (Juan 7:18-19). Juan el Bautista quería saber si había cumplido su misión. Y Jesús le mandó a decir a Juan el Bautista: *"Vayan y cuéntenle a Juan lo que han visto y oído: Los ciegos ven, los cojos andan, los que tienen alguna enfermedad en su piel son sanados, los sordos oyen, los muertos resucitan y a los pobres se les anuncian las buenas noticias" (Juan 7:22, NVI).* La misión de Juan el Bautista fue la profecía de preparar el camino del Señor. Esa es nuestra misión: abrir el camino del Señor. *La peor tragedia, el peor fracaso, es tener éxito en lo que no tiene importancia eterna.* Así que, cuidado con perseguir vanidades ilusorias en esta vida, que al final lo que provocan es que se tuerzan nuestros pensamientos y nuestras mentes, y nos desenfocan de lo que tiene importancia eterna.

Este es el fundamento de ser un hombre renovado. Por eso el artículo que necesitamos tener en nuestra mochila de supervivencia es la ropa nueva, la nueva vestimenta de la naturaleza divina. Pablo escribió: *"Más bien, vístanse con la presencia del Señor Jesucristo" (Romanos 13:14, NTV).* Cuan importante es tener en nuestras mochilas la ropa nueva para experimentar un nuevo tiempo. Es imposible conocer el camino si no tenemos una dirección definida y un punto de referencia que nos muestren los pasos específicos que debemos dar.

Un hombre renovado entiende que necesita ser un discípulo que está claro de su misión. No vive como multitud ni como religioso, sino como un discípulo que vive honrando a Dios con todo lo que hace y que anhela ser como Cristo. En este capítulo quiero mencionar cinco puntos principales para vivir como un hombre renovado que cumple la misión de Dios en su vida.

La renovación no es un evento, sino un proceso; la renovación no es algo de un día, sino algo diario. El primer punto que quiero compartir es:

> **1. Dios RESTAURA.** Dios es un Dios restaurador y todo es posible para Él. Tu vida es restaurable. No importa si te alejaste del Señor; Dios ha permitido que este libro llegue a tus manos para afirmar en tu corazón que tu vida es restaurable por medio de su gracia y misericordia. No hay nada imposible para Dios. Quizás tu caso no es ese; no estás alejado de Dios y hasta sirves dentro de la iglesia de manera regular y conoces la teoría de la fe, pero sabes que te has enfriado como la iglesia de Éfeso (Apocalipsis 2:4). Perdiste el primer amor y sigues trabajando arduamente, pero sabes que tu corazón está desenfocado de la verdadera fe. Sigues trabajando en la obra de Dios, pero necesitas renovación, pues a ti Dios te dice: "Yo quiero restaurar tu corazón para que no solamente tengas la experiencia de la iglesia, sino que tengas la experiencia de quién **YO SOY**".

Tengo buenas noticias para ti: ¡es posible una mente restaurada! Es posible tener una mente renovada en la que nuestros pensamientos, deseos, metas y prioridades estén alineados con el corazón de Dios. Es posible ser un hombre renovado. Las Escrituras nos enseñan en Romanos 12:2: *"No os conforméis a este siglo, sino transformaos por medio de la renovación de vuestro entendimiento, para que comprobéis cuál sea la buena voluntad de Dios, agradable y perfecta".* Quiero compartir un principio claro de la restauración y renovación del Señor sobre nosotros. Cuando mis pensamientos, ideas y mi ser son renovados, ¿sabes qué ocurre? Puedo ver la voluntad de Dios de una manera diferente pues entiendo que Dios no es mi enemigo o que Dios no está contra mí. Comprendo que su voluntad es agradable y perfecta para mi vida. Aun cuando sea difícil cumplir la voluntad de Dios, puedo descansar en que su Espíritu Santo me dará las fuerzas para lograrlo. Hubo una oración que no le fue contestada a Cristo. Pudieses pensar: *¡Pastor, usted va a decir una herejía!* Pero permíteme contar: en Getsemaní, momentos antes de que arrestaran a Jesús, su oración fue: *"Pase de mí esta copa" (Mateo 26:39).* ¿Te percataste de lo que dijo Jesús? "Pase de mí esta copa" quiere decir: "Yo no quisiera hacer esto". Así que, si alguna vez has estado en una posición en la que piensas que se te hace tan difícil hacer la voluntad de Dios, ¿sabes algo? Cristo estuvo en ese mismo lugar, pero luego dijo: *"¡Padre mío! Si es posible, que pase de mí esta copa de sufrimiento. Sin embargo, quiero que se haga tu voluntad, no la mía" (Mateo 26:39, NTV).* Esto significa que Jesús venció y cumplió la voluntad del Padre para abrirnos camino para que nosotros también podamos hacer la voluntad de Dios. Entonces, cuando nuestras mentes son renovadas podemos ver la voluntad de Dios como agradable y perfecta. Cuando cumplo su voluntad, puedo ver como Dios ve. El concepto en griego de "renovación" en este versículo es *anakainosis*, que quiere decir: "otra vez nuevo". Es una renovación en la que podemos volver al diseño de Dios para nosotros, por medio del poder de su Espíritu Santo para accionar su voluntad porque hemos sido restaurados por su gracia.

El segundo punto que quiero regalarte es:

2. Necesito conocerlo en profundidad. No se trata de saber sobre Dios, sino de conocer a Dios. No es únicamente saber lo que Dios es capaz de hacer, que hace milagros o que su iglesia es poderosa. Realmente se trata de conocerlo a él en profundidad. En el cuarto capítulo de Marcos, se narra un momento muy glorioso: se trata de cuando Jesús se quedó dormido en la barca. ¿Alguna vez has pensado que Dios se ha quedado dormido en la circunstancia de tu vida? Jesús se quedó dormido, profundamente dormido, en la barca con los discípulos. Se levantaron las olas y el mar, y los discípulos, así como nosotros hacemos muchas veces, fueron a reclamarle a Jesús. Las palabras que le dijeron a Jesús fueron muy fuertes. Le dijeron, en una versión muy coloquial: "Oye, *brother*, tú haces muchos milagros y tú no te das cuenta de que nos vamos a morir aquí todos y tú sigues ahí durmiendo". Para contextualizar la situación, tengamos presente que los discípulos estaban comenzando a conocer a Jesús y probablemente ellos entendían que él iba a ayudarlos a sacar el agua del bote o ayudarlos a remar. Ese fue el reclamo de los discípulos: aquí todos estamos remando y tú estás durmiendo. Pero entonces, Jesús despertó y reprendió al viento y les dijo a las olas: "Silencio; cálmense". El viento y el mar obedecieron y se calmó todo. Jesús los miró y les dijo: *"¿Por qué tienen miedo? [...] Tienen tan poca fe" (Mateo 8:26, NTV)*. Y los discípulos formularon esta pregunta: *"¿Quién*

> *es este hombre? ¡Hasta el viento y las olas lo obedecen!" (Mateo 8:27, NTV).* Los discípulos, al comienzo de su llamado de caminar con Jesús, estaban tratando de entender quién era ese a quién ellos seguían, y en ese momento fueron sorprendidos por el poder de Cristo. Precisamente esto ocurre cuando entendemos que necesitamos conocer a Cristo en profundidad: somos renovados y sorprendidos por la realidad del poder de Cristo en nuestras vidas.

Yo necesito conocer a Cristo cara a cara. Tú necesitas conocer a Cristo cara a cara en tu intimidad. Podemos estar caminando muy cerca de las labores y los milagros de Jesús y aun así no haber establecido una relación de intimidad con Dios. Muchos hombres caminamos cerca de los procesos de la iglesia porque nuestra esposa frecuenta ese lugar. Entonces, ella ora y nos comparte la palabra. Además, asume la responsabilidad espiritual de nuestra casa, pero necesitamos hombres que se levanten y digan: "Yo también necesito profundizar en mi relación con Cristo". Hombres renovados que asumen la responsabilidad de buscar intencionadamente a Dios en sus vidas y en sus relaciones y que están dispuestos a conocerlo de forma personal para poder bendecir a los que los rodean. Hombres renovados que edifican a su esposa y a sus hijos porque de forma intencionda están buscando la presencia de Dios. Hombres renovadosque abrazan la Palabra cuando los llama a gobernar bien su casa (1 Timoteo 3:4). Hombres renovados que entienden que la iglesia es un puente para profundizar en su relación con Dios y, por ende, participan y se integran al servicio a Dios en su comunidad de fe. Un hombre renovado presenta sus talentos y recursos al servicio de la obra de Dios. Los hombres renovados escogen quiénes son los amigos con los que cultivan relaciones de amistad en sus vidas para que sean amistades que edifiquen y ayuden a profundizar su relación con Cristo. Hombres renovados que abren sus corazones en un arrepentimiento genuino que se traduce en acciones contundentes para acercarse a Dios. Hombres renovados que abrazan la lectura de la Palabra de Dios porque comprenden que de esta forma conocerán realmente la revelación de Dios. Hombres renovados que deciden estudiar la Palabra porque mediante ese estudio recibirán sabiduría para vivir con una mente renovada. La renovación de nuestras mentes ocurre cuando de manera diaria permitimos que la influencia primaria sea la Palabra de Dios en nuestras vidas. Hombres renovados que establecen disciplinas espirituales que les permiten caminar en la dirección de conocer a Cristo cada día más. No es saber de Cristo. No es conocer sobre Dios. Yo necesito conocer más a Dios en profundidad. Cuando camino con Cristo en profundidad, tengo una relación constante con él y en cada escenario de mi vida estoy caminando con Cristo todo el tiempo: en mi trabajo, con mi familia, con mis amigos. En cómo vivo se manifiesta que realmente Cristo vive en mí. Hay otra buena noticia: Dios anhela que tú lo conozcas. Dios no está jugando al escondite. Necesitas abrir tu corazón en arrepentimiento y creer que él quiere una relación íntima, personal y profunda contigo como discípulo porque él restaura. Hombres renovados que no son ni religiosos ni multitud, sino discípulos.

Nos movemos al punto tres para vivir con una mente renovada y restaurada por el Señor como un hombre renovado.

3. Necesito creer que tengo verdadera libertad. Es decir, el sacrificio de Cristo en la cruz y su resurrección venció mi problema más grande: el pecado. Puedo vivir en la verdadera libertad del pecado porque Cristo venció la realidad de que el pecado era señor de mi vida; ahora Cristo es mi Señor. El perdón de Dios es real sobre mí. Cristo es el Cordero de Dios que quita el pecado del mundo. Por ende, necesito vivir la verdadera libertad de poder accionar en mi vida como un hombre renovado que es verdaderamente libre. Un hombre renovado es libre en Cristo y tiene una mente renovada. Un hombre renovado es sabio en sus decisiones y en el orden de prioridades en su vida. Experimenta el poder del Espíritu Santo en todo lo que emprende y su forma de vivir es renovada por esa libertad que proviene de Cristo.

¿Sabes qué es lo que más nos ocurre a nosotros los hombres en cuanto al tema de la libertad? Pues, lamentablemente, lo que hacemos muy a menudo es aparentar la libertad. Tenemos la teoría sobre la libertad, pero en la práctica no accionamos como seres libres, sino que seguimos viviendo como esclavos del pecado. El teólogo y pastor Tim Keller nos invita a que reflexionemos sobre un suceso que ocurrió al otro día de haberse firmado la abolición de la esclavitud en los Estados Unidos. Los esclavos negros habían sido declarados libres; sin embargo, tenemos la historia de un negro que había sido esclavo y estaba celebrando su libertad cuando pasó cerca de él una persona blanca que había sido esclavista. Este último le gritó y le habló fuerte, y el trauma de haber vivido toda esta injusticia lo asustó de tal manera que el hombre negro volvió a la mentalidad de esclavo en un instante. Ya se había firmado el acta de la abolición de la esclavitud, pero la mente todavía no había sido liberada. El hombre negro reaccionó a lo que ocurrió en ese momento con miedo y con el pensamiento de esclavo. Mis hermanos, esto es precisamente lo que nos sucede a nosotros. Tenemos la teoría de la libertad del pecado por medio de Cristo, pero el enemigo trata de recordarnos el pasado, recurriendo a la culpabilidad o a las tentaciones. Por eso, quiero recordarte que la resurrección de Cristo ha garantizado la libertad del pecado para que el mensaje en tu mente renovada y en tu corazón sea que Cristo pagó el precio de tu pecado para que puedas vivir en libertad. Ya no estamos bajo el señorío de la ley del pecado, sino bajo la gracia perdonadora de Cristo Jesús. No vivimos en libertinaje para seguir practicando el pecado; no vamos a pecar para que la gracia abunde, sino que hemos recibido la gracia de Dios y somos adoptados para vivir en santidad como hombres renovados. Soy su hijo para vivir en una verdadera libertad que se muestra en un proceso de santificación constante. Esa santificación no guarda relación con la ropa que vestimos o con lo que se ve de manera externa. Es una santificación de adentro hacia afuera. Una santidad que no viene de la apariencia, sino de un corazón genuino que vive en el poder de su Espíritu Santo. Entonces, ya el acta de decretos que había contra nosotros fue erradicada y clavada en la cruz. *"Él anuló el acta con los cargos que había contra nosotros y la eliminó clavándola en la cruz" (Colosenses 2:14, NTV).* Tienes que creer y vivir en la verdadera libertad. No puedes seguir con el trauma de que el pecado era tu señor. Detente y afirma en tu corazón que Cristo es tu Señor. Yo no necesito seguir viviendo en esclavitud en mi mente, porque he sido declarado verdaderamente libre por medio de Cristo.

Quiero contarte algo sobre mí. Las alturas y yo no nos llevamos bien; les tengo mucho temor. ¿Cuántos saben que Dios tiene sentido del humor? Mi esposa, Jessica, es extrema en cuanto a probar las alturas y mis tres hijos son como ella. Por ende, el que tiene que estar regularmente venciendo su temor a las alturas para disfrutar junto a ellos soy yo. Hace un tiempo, estuvimos en un viaje por las siete iglesias de Apocalipsis. Estas siete iglesias se encuentran en Turquía y hay un lugar que se llama Hierápolis que queda cerca de la Iglesia de Laodicea, que es la séptima iglesia de Apocalipsis. En este lugar, hay una atracción turística de unos globos que te permiten tener una experiencia de alturas muy famosa en la región.

Jessica me dice:

—¡Qué brutal! ¡Que experiencia más impresionante! ¡Yo quiero ir a eso!

Y yo le pregunto:

—¿A cuántos metros llega de altura?

—No sé —me contesta ella.

Decido buscar en internet y encuentro que llega a 762 metros de altura. Inmediatamente pienso en todos los desafíos de seguridad. ¿Tendré paracaídas? ¿Estaré amarrado? ¿Eso nos sostendrá? Descubro que estaré en una canasta. ¿Entiendes esto? Una canasta y ya. Los hermanos de nuestra iglesia que estaban con nosotros en este viaje se encontraban muy contentos de poder tener esta experiencia. Al parecer, de alguna manera, el Señor se encargó de que a todos les fascinará la idea de ir al globo. "Pastor, usted va con nosotros, ¿verdad?", me dijeron mis ovejas; una presión de las ovejas era lo último que faltaba. Jessica ha utilizado una estrategia regularmente desde que nuestros hijos eran pequeños; cuando estábamos en las montañas rusas y me enfrentaba al reto de las alturas en los parques de diversiones, me decía: "Tú no debes pasar tu miedo a nuestros hijos. Si tú vences, ellos también van a vencer". ¿Entiendes lo crueles que son estas palabras? (Jajaja). Cuando estaba en la fila de la montaña rusa Hulk, le dije a Jessica:

—Recuérdame por qué estoy aquí.

Y ella respondió:

—Porque tus hijos necesitan vencer como hombres sin temor.

Comprende el desafío en mi mente. La noche antes de los globos de Turquía, me sentía nervioso. Mi esposa, Jessica, lo notó y me dijo: "Mi amor, no tenemos que hacer esto si te sientes mal. Los chicos no están con nosotros. No quiero que te sientas mal haciendo esto". Con un poco de duda en mi corazón, le dije a Jessica que por amor a ella y por vencer el temor a las alturas lo iba a hacer. Esa noche, casi no dormí y hasta tuve sueños de que no lo pasaría bien en el globo. Nos levantamos a las cuatro de la madrugada, llegamos al globo y dije en mi mente: *Si yo no me monto primero en esta canasta, no me voy a montar; así que, Señor, yo creo que mi esposa quiere disfrutar de esto. Yo sé que ella lo va a disfrutar, pero a mí me gustaría disfrutarlo. Ayúdame.* Esa fue mi oración y me monté en el globo (para colmo, éramos veinte en una canasta). ¿Y sabes algo? Fue una experiencia preciosa. La disfruté y en un momento hasta olvidé que estaba a 762 metros de altura. Decidí no hacerlo únicamente por mi esposa, sino también por mí, y Dios me sorprendió con el fruto de una mente renovada. Tuve que pensar de otra manera, pensar en bendecir el corazón de mi esposa, pero también tuve que pensar que podía disfrutar en verdadera libertad.

¿Cuántas veces necesitamos lanzarnos a esa verdadera libertad de creer que podemos vivir en santidad, de creer que podemos disfrutar de la santidad de Dios? A veces vemos la santidad de Dios como prohibición de acciones, como un listado de conductas que no podemos tener. Te desafío a que pienses que la verdadera libertad en santidad es que Dios te separó para algo diferente; no es que Dios te está prohibiendo qué hacer, sino que Dios te separó para hacer algo distinto y esa separación de Dios es gloriosa porque es para bendecirte. Nosotros necesitamos quitarnos todo peso que nos impida correr, especialmente el pecado que tan fácilmente nos hace tropezar. Hebreos 12:1-2 dice: *"Y corramos con perseverancia la carrera que Dios nos ha puesto por delante. Esto lo hacemos al fijar la mirada en Jesús, el campeón que inicia y perfecciona nuestra fe" (NTV).*

Punto número cuatro:

4. Redime tu tiempo. Soy un apasionado del deporte del baloncesto. Los juegos de baloncesto están divididos en cuatro periodos de doce minutos cada uno. Te propongo mirar la vida donde ese primer periodo sería de los cero a los veinte años. Es probable que en ese primer periodo hayas comenzado con una buena ventaja en el juego: una ventaja súper buena sobre tu oponente, o quizás fue un desastre y estabas con muchos puntos de diferencia en esa primera etapa. Durante el segundo periodo, entre los veinte y cuarenta años, estás logrando empatar el juego. Todavía hay decisiones que tomar pero aún tienes expectativas sobre lo que acontecerá en la vida. Entre los cuarenta y los sesenta años, estamos en el tercer periodo, tiempo de contraataque; es tiempo de hacer cosas arriesgadas que quizás no habíamos hecho antes. Es tiempo de tomar decisiones y de creer que realmente puedes ir hacia adelante en una dirección diferente. Quizás algunos están ya en las postrimerías del cuarto periodo, entre los sesenta y ochenta. Se supone que el cuarto periodo de la vida sea para disfrutar de los frutos de haber jugado bien los periodos anteriores. Se supone que el cuarto periodo sea para sentarse en la banca y ver cómo la gente joven agarra el juego y sigue ganando la ventaja que le diste. Que no te pase como a LeBron James, quien tiene que jugar el cuarto periodo completo porque el equipo siempre está atrás en el marcador.

Alguno leyendo dirá: "Bueno, pastor, yo pasé de los ochenta. ¿Estoy en tiempo extra?". Definitivamente un tiempo extra de sabiduría para mentorear y dirigir a otros. Recuerda que, en el tiempo extra, después de los 80, fue que Moisés fue llamado por Dios y recibió dos tiempos extra, pues llegó hasta los 120 para cumplir el plan de Dios porque en los primeros cuatro periodos no lo pudo hacer. Dios restaura aun lo que tú perdiste en el camino. Así que no importa el periodo de la vida en el que estés. Lo importante es que *Dios está en todos tus periodos*. Lo importante es que Dios te ha permitido jugar, que él está contigo y que él es el entrenador principal en la travesía de tu vida. Pero recuerda que es importante redimir tu tiempo: que la manera en la que vives tu tiempo muestre que realmente Cristo ha renovado tu vida. Aprovecha cada instante para glorificar a Dios y para bendecir a los que te rodean. Que tu tiempo en la cancha sea efectivo y que puedas mostrar la realidad de una vida redimida por Cristo en todo lo que llevas a cabo.

El quinto punto:

5. ARREPENTIMIENTO. El arrepentimiento es la clave. En el griego original, *metanoia* significa cambio de mente. Para poder creer que Dios restaura, conocerlo de manera profunda, vivir en la verdadera libertad y saber que Dios está en cada periodo de nuestras vidas, necesitamos un corazón de arrepentimiento

> constante. Aquel que vive en arrepentimiento reconoce que solamente el poder del Espíritu Santo permite que pueda vivir en santidad. Una vida en arrepentimiento constante es la llave que abre el cumplimiento del propósito de Dios en tu vida porque cuando alguien vive en arrepentimiento, vive en transformación.

Siempre hay un camino de vuelta a casa y, por eso, el apóstol Juan escribió en 1 Juan 1:9: *"Si confesamos nuestros pecados, él es fiel y justo para perdonar nuestros pecados y limpiarnos de toda maldad"*. El corazón que se arrepiente delante de Dios, Dios nunca lo desprecia. Si estás lejos de Cristo, acércate con un corazón arrepentido. Si estás cerca de la iglesia pero lejos de Cristo, acércate con un corazón arrepentido y te aseguro que comenzará un proceso de renovación de mente y de corazón para una nueva etapa. Dios restaura. Puedes conocerlo en profundidad y puedes vivir en verdadera libertad. Dios está en cada periodo de mi vida y puedo vivir con un corazón arrepentido de forma constante para seguir creciendo en la santidad en Cristo. Ese corazón arrepentido no es un corazón que todo el tiempo anda en pena o en tristeza. El corazón arrepentido es aquel corazón que está todo el tiempo en restauración, todo el tiempo en renovación. Es aquel que reconoce: "Señor, yo te necesito". Por eso es que Jesús dijo: *"Bienaventurados los pobres en espíritu" (Mateo 5:3)*. Hace poco, un hombre me preguntaba: "¿Pastor, qué es eso de ser pobre de espíritu?". Ser pobre de espíritu significa reconocer que yo no tengo recursos inagotables, que yo no lo sé todo, que me puedo caer más fácilmente de lo que pienso, que soy peor de lo que a veces pienso de mí. Ser pobre de espíritu es reconocer que la única fuente de agua que salta para la vida eterna es Cristo. Ser pobre de espíritu es contestar como Pedro cuando Jesús preguntó si se irían también: *"Señor, ¿a quién iremos? Tú tienes palabras de vida eterna" (Juan 6:68, NTV)*. Solo a Cristo podemos ir.

¡Qué glorioso es saber que él está interesado en restaurarnos! Cuando nos acercamos a Cristo con un corazón dispuesto, él hace lo que nosotros no podemos hacer, lo que es imposible para nosotros. Empezamos a vivir esa libertad verdadera y santidad auténtica. Ya no buscamos un método para ser santos porque Dios no nos dio ni un método ni un sistema; nos dio un Salvador y ese es Cristo. Él, nuestro Salvador, dijo: *"Aprended de mí, que soy manso y humilde de corazón; y hallaréis descanso para vuestras almas" (Mateo 11:29).* En otras palabras, puedes aprender a ser como Cristo. Puedes ser manso y humilde de corazón. Entonces, cuando aprendemos y somos más como Cristo, tenemos descanso en nuestras almas. A veces no tenemos descanso ni caminamos en paz porque no hemos ido a él. Se trata de ir a él para ser como él. Te invito a que afirmes en tu corazón el arrepentimiento constante y genuino para que Cristo sea el centro de tu vida. De esta manera, vivirás como un hombre renovado que es restaurado, conoce a Dios, vive en la verdadera libertad y crece en una santidad genuina con un corazón arrepentido y lleno del poder de su Espíritu Santo.

REFLEXIONA:

1. ¿Cómo puedo vivir como un discípulo diferente de la multitud sin ser un religioso?

2. En el área de ____________________, no estoy accionando con verdadera libertad.

3. ¿En cuál periodo estoy? ¿Cómo puedo redimir mi tiempo?

4. Para ser un hombre renovado, necesito arrepentirme de...

PRINCIPIO 12
FIDELIDAD

EQUIPADO PARA SOBREVIVIR

Las botas firmes nos ayudan a caminar por el camino de la ***Fidelidad*** *a Dios.*

PRINCIPIO 12:
FIDELIDAD
BOTAS

LAS BOTAS FIRMES NOS AYUDAN A CAMINAR POR EL CAMINO DE LA FIDELIDAD A DIOS.

"Si son fieles en las cosas pequeñas, serán fieles en las grandes; pero si son deshonestos en las cosas pequeñas, no actuarán con honradez en las responsabilidades más grandes".
Lucas 16:10, *NTV*

La fidelidad ha sido menospreciada en nuestro mundo actual. Se piensa que no es posible que seamos fieles. Se dice de los hombres que "todos son infieles en sus relaciones; eso es ley de vida". Y definitivamente todos somos infieles, tanto hombres como mujeres, debido al pecado que mora en nosotros. El pecado ha tenido como consecuencia directa en nuestras vidas que sea más fácil vivirlas como infieles en lugar de perseguir la fidelidad. Sin embargo, hay algo que también es cierto: la fidelidad es el valor que todo el mundo anhela de los demás. Pienso que nadie se levanta por la mañana diciendo: "Me gustaría que hoy me sean infiel y que me mientan, y me gustaría que alguien que considero mi amigo, mi esposa, mi hijo o mi familiar me defraude". Creo que estamos de acuerdo en que nadie dice estas palabras, pero preferimos no asumir el costo de la fidelidad. Por alguna razón, en lo más profundo de nuestro ser, anhelamos que nos sean fieles.

Ser fiel en las cosas pequeñas es definitivamente un camino de entrenamiento para poder ser fieles en las responsabilidades más grandes. Pero ¿realmente puedo ser fiel? ¿Puedo asumir el costo y la responsabilidad de vivir en fidelidad como hombre? En una cultura en la que se les pregunta de forma coloquial a los niños cuántas novias tienen, la contestación que se espera de ellos es que digan que tienen muchas novias o al menos más de cinco, como si esta respuesta implicara una mayor hombría. Nuestra sociedad hasta canta estas premisas como inevitables. Nuestra incapacidad de fidelidad nos ha puesto en un discurso regular de excusar la infidelidad. Ahora bien, quisiera que veamos por un momento lo impresionante que es descubrir en la Biblia que la característica que más debemos abrazar de Dios es precisamente su fidelidad. Muchos textos bíblicos nos muestran la realidad de un Dios que es fiel a sus promesas: *"Si somos infieles, él permanece fiel, pues él no puede negar quién es"; "Mantengámonos firmes sin titubear en la esperanza que afirmamos, porque se puede confiar en que Dios cumplirá su promesa"; "Jesucristo es el mismo ayer, hoy y siempre"; "Pero si confesamos nuestros pecados a Dios, él es fiel y justo para perdonarnos nuestros pecados y limpiarnos de toda maldad" (2 Timoteo 2:13, NTV; Hebreos 10:23, NTV; 13:8, NTV; 1 Juan 1:9, NTV).* Dios es la definición más gloriosa de fidelidad; por ende, para poder ser hombres fieles, necesitamos abrazar la fidelidad de Dios. Nuestra imposibilidad natural por el pecado de ser fieles es cubierta por la misericordia de Dios que nos permite vivir en fidelidad por medio de su perdón. Ante nuestra incapacidad, el Espíritu Santo produce en nosotros, como parte del fruto del Espíritu, la fidelidad:

En cambio, la clase de fruto que el Espíritu Santo produce en nuestra vida es: amor, alegría, paz, paciencia, gentileza, bondad, fidelidad.
***Gálatas 5:22,** NTV*

Vivir en el Espíritu implica una gran verdad: podemos vivir en fidelidad a pesar de nosotros. Sabemos que el tiempo que vivimos es muy peligroso para vivir en fidelidad; por esta razón, Pablo le dijo en su carta a Timoteo:

También debes saber esto: que en los postreros días vendrán tiempos peligrosos. Porque habrá hombres amadores de sí mismos, avaros, vanagloriosos, soberbios, blasfemos, desobedientes a los padres, ingratos, impíos, sin afecto natural, implacables, calumniadores, intemperantes, crueles, aborrecedores de lo bueno, traidores, impetuosos, infatuados, amadores de los deleites más que de Dios, que tendrán apariencia de piedad, pero negarán la eficacia de ella; a estos evita.
2 Timoteo 3:1-5

Este tiempo postrero nos desafía a una mayor atención de nuestro carácter porque la característica principal de este momento es que habrá hombres amadores de sí mismos; es decir, que se consideran su mayor prioridad, funcionan con sus deseos siempre en el centro y su amor propio va por encima de todo. Son hombres convencidos de que la forma correcta de vivir es seguir sus pasiones, deseos y ambiciones sobre cualquier cosa. Vemos que este tiempo postrero tiene diversos lenguajes que dirigen las relaciones; sus fundamentos principales son el egoísmo, la ira, la crueldad, la traición y el amor a los deleites temporales que no satisfacen. Es definitivamente un mundo que persigue el individualismo y la autosuficiencia, y la autoexaltación se confronta directamente con las enseñanzas de Jesús porque él dijo:

Si alguno quiere venir en pos de mí,
niéguese a sí mismo, tome su cruz cada día, y sígame.
Lucas 9:23

Esta afirmación es totalmente contraria a la corriente hedonista de este mundo, que enseña a no negarte nada y muchos menos a ti mismo, que hagas "lo que te dé la gana", pero Cristo nos enseña que tomemos la cruz; es decir, que estemos dispuestos a sacrificarnos por los demás. ¿Negarme a mí mismo para poder ser fiel? Es una pregunta normal, pero quiero que puedas entender que negarnos a nosotros mismos no es una carga pesada sobre nuestros hombros. Realmente es una invitación codificada. Es un código de barras que abre la mente y el corazón a la mejor vida posible en este mundo caído. Es una revelación para la vida más extraordinaria posible en este lado de la eternidad, de manera que podamos disfrutar de una vida en la fidelidad a Dios. Cuando nos negamos a nosotros mismos, comenzamos un camino hacia la fidelidad a Dios porque esta transformación trae consigo claridad de propósito. Un hombre que no tiene claridad de propósito vive por instinto, por deseos y por sus pasiones desordenadas.

Ser un hombre fiel es posible cuando seguimos las palabras de Jesús e imitamos su ejemplo. Debes anhelar con todo tu corazón ser fiel, aunque en el pasado hayas abrazado la infidelidad. Es tiempo de creer que puedes ser fiel con la ayuda de Dios y ponerte el calzado firme, las botas de fidelidad para caminar con convicción y dirección. Unas botas apropiadas y bien puestas nos llevan firmes por cualquier camino. Tenemos que anhelar y entender la fidelidad de Dios en nuestras vidas para poder ser fieles y, además, tener un corazón dispuesto a aprender a vivir como Cristo. Un hombre fiel es un hombre dispuesto a:

1. Amar como lo hizo Cristo. Cristo nos amó de tal manera que se negó a sí mismo, a su condición de ser igual a Dios. Pablo nos enseña en Efesios 5:21-28 que Cristo se sacrificó con el propósito de santificar su iglesia, y de la misma manera un hombre fiel es aquel que entiende la amplitud del amor sacrificial por su esposa. Un hombre fiel puede amar como Cristo ama pues somos participantes de la naturaleza divina de Dios por medio del Espíritu Santo, quien genera en nosotros el carácter de Cristo. El apóstol Pedro, en el primer capítulo de su segunda carta, nos indica que hemos sido liberados de la esclavitud del pecado y de la infidelidad. Todo lo que pertenece a la vida y la piedad nos ha sido dado por medio de Cristo. El pecado en nuestras vidas provoca que abracemos la infidelidad, pero la santidad por medio de la justificación por la fe mediante Cristo nos abre el camino hacia ser hombres fieles a través de una relación renovada con Dios. Se combate la batalla de la infidelidad amando como Cristo ama y abrazando la fidelidad de Dios. Para ello, necesitamos rogar a Dios que nos llene de su amor para amar como él ama. Qué exhortación más gloriosa nos regala Pablo cuando nos dice:

Maridos, amad a vuestras mujeres, así como Cristo amó a la iglesia, y se entregó a sí mismo por ella.
Efesios 5:25

2. Tener comunión con Dios como Cristo. Los Evangelios nos muestran de manera contundente que Jesús todo el tiempo comunicaba que el Padre y él eran uno. De hecho, rogaba que tuviéramos la misma comunión con Dios en su oración en Getsemaní: *"Te pido que todos sean uno, así como tú y yo somos uno, es decir, como tú estás en* *mí, Padre, y yo estoy en ti. Y que ellos estén en nosotros, para que el mundo crea que tú me enviaste" (Juan 17:21, NTV).* En todo momento, su comunión con el Padre dirigía todos sus pasos, acciones y decisiones. Un hombre fiel entiende que Dios está con él en todo momento, es un hombre que abraza la autenticidad espiritual y se enfrenta a todos los procesos de su vida anhelando agradar y adorar a Dios. Tener comunión con Dios es disfrutar de su presencia, honrar su Palabra y permitir que tenga cabida en nuestro sistema de pensamiento para ser limpios, renovados y corregidos. En Romanos 12:12, Pablo nos indica que no nos conformemos a este siglo y que seamos transformados por medio de la renovación del entendimiento, sabiendo que la mente renovada es posible pues hemos alcanzado el perdón, de Dios. Entonces, mediante su perdón tenemos la reconciliación con él para vivir en comunión con Dios y en constante edificación:

La comunión íntima de Jehová es con los que le temen, y a ellos hará conocer su pacto.
Salmo 25:14

3. Conocer el pacto de Dios en esa comunión íntima. Un hombre fiel separa tiempo para orar, meditar y leer la Palabra de Dios porque sabe que esas disciplinas espirituales afirman su corazón en el carácter fiel de Dios. Caminar con Dios en todo tiempo implica que en mi trabajo soy fiel cuando laboro como si fuera para Dios. En la intimidad de nuestro hogar, separo tiempo de calidad para mi esposa y mis hijos. Así mismo, en nuestros tiempos de recreación, soy balanceado y escojo entretenimiento que edifica mi vida y bendice a mi familia. Como amigo, soy fiel cuando muestro el camino de Dios al evitar murmuraciones y diálogos que no edifican a los que me oyen. Soy fiel cuando afirmo mis disciplinas espirituales personales y establezco la importancia de la lectura de la Biblia de forma constante, de libros que edifiquen mi alma y de tiempo a solas con Dios sin distracciones. Además, soy fiel cuando participo activamente en congregarme en mi comunidad de fe porque, de esta forma, también desarrollo mi carácter de servicio en Cristo pues su carácter nos llama a la fidelidad. Un hombre fiel es aquel que, cuando tiene un momento de debilidad, está dispuesto a arrepentirse, a confesar y a recibir ayuda para volver al camino de la fidelidad. Los hombres fieles son los que imitan a David cuando oró a Dios diciendo:

> *Crea en mí, oh Dios, un corazón limpio*
> *y renueva un espíritu fiel dentro de mí.*
> ***Salmo 51:10,*** *NTV*

La esperanza gloriosa en Cristo es la bendición de un corazón limpio y un espíritu renovado y fiel.

4. Prometer fidelidad. Estoy seguro de que respiraste hondo al leer esta característica. Muchos dicen que es mejor no prometer, pero quiero regalarte algo que bendijo mi vida en mi juventud. Uno de mis pastores nos aconsejaba sobre el matrimonio al comienzo de nuestro primer año de casados. Recuerdo que había cometido un error en algo que mi esposa, Jessica, me había pedido, pero se me hacía difícil manejarlo porque implicaba una adaptación total de mi parte. Entonces, recurrí a la forma más fácil de salir de la situacióny dije:

—Pues voy a intentarlo.

Mi pastor me detuvo y me dijo:

—No debes intentarlo. Debes atreverte a prometerlo.

Esto me confrontó y a la vez me retó porque él tenía razón. Debía atreverme a prometer. Este reto me ayudó a vencer esa adaptación tan necesaria para mi vida matrimonial y terminó como algo vencido en mi vida. Estoy convencido de que a los hombres nos han excusado demasiado, nos han dicho que la infidelidad es el camino más común, que todos somos iguales y que ninguno alcanzará la fidelidad. Esto provoca que no nos atrevamos a prometer y a colocar nuestro carácter en esa afirmación. Doy gracias a Dios porque hace más de veinticinco años le prometí a mi esposa serle fiel y lo he cumplido hasta hoy y voy a llegar hasta el final cumpliendo esa promesa con la ayuda de Dios. No soy descendiente de hombres fieles. Todo lo contrario: mi ascendencia por mucho tiempo creyó que la mejor forma de vida era no prometer fidelidad. Encontré en la revelación de Dios la gran verdad de que podemos vivir en fidelidad y además descubrí que es la vida más gloriosa pues implica un amor que crece, se desarrolla y sigue aumentando con los años. Hoy en día, disfruto de prometer y ver cómo Dios me ayuda con su gracia a cumplir con un carácter fiel. Las palabras más gloriosas que debemos anhelar escuchar son estas:

Bien, buen siervo y fiel; sobre poco has sido fiel, sobre mucho te pondré; entra en el gozo de tu señor.

Mateo 25:23

El recibimiento de Dios en el cielo significará que hemos sido fieles gracias al poder de su Espíritu Santo obrando en nosotros y produciendo en nosotros *"así el querer como el hacer, por su buena voluntad" (Filipenses 2:13).* Seamos fieles en lo poco, un día a la vez, y te aseguro que ese proceso te capacitará para ser fiel en los momentos más complicados de tu vida. Dios te ayudará a cumplir lo que prometiste.

5. Enseñar a otros. Uno de los versículos principales que hemos utilizado en los primeros diez años de formación del Ministerio Hombres Discipulados son las palabras que le escribió Pablo a su discípulo Timoteo.

Tú, pues, hijo mío, esfuérzate en la gracia que es en Cristo Jesús. Lo que has oído de mí ante muchos testigos, esto encarga a hombres fieles que sean idóneos para enseñar también a otros.
2 Timoteo 2:1-2

Esforzarse en la gracia que es Cristo no es lo mismo que hacerlo en nuestras fuerzas limitadas. Necesitamos su intervención constante en nuestras vidas. Necesitamos la llenura de su Espíritu Santo para ser fieles, y esto es posible si lo pedimos con fe. Cuando vivimos de esta manera, podemos enseñar a otros con nuestro ejemplo de vida. Más que teoría, es con la práctica que enseñamos. La fidelidad a Dios se enseña con el ejemplo y con la humildad de reconocer que dependemos absolutamente de Dios para poder vivir como Cristo. Mi vida fue marcada por el ejemplo de hombres fieles e idóneos (adecuados, aptos) que me enseñaron a caminar en mi juventud al amparo de la Palabra. Su ejemplo, su dirección y su discernimiento me guardaron aun de mí mismo. Hoy estoy en los hombros de varios hombres fieles que estuvieron dispuestos a enseñarme con sus vidas. Hombres que no me enseñaron únicamente con una predicación, sino que sus vidas enteras han sido una predicación en frente de mis ojos. La iglesia fue el lugar donde aprendí qué es verdadera hombría, no machismo. Aprendí que estar con muchas mujeres no es ser hombre, sino que ser un verdadero hombre significa ser fiel a una sola mujer por toda la vida. Aprendí que ser fiel en mi matrimonio bendice el corazón de mis tres hijos más que todo lo que pueda enseñarles teóricamente sobre el matrimonio. La fidelidad incluye el lenguaje de la fe, el amor sacrificial, la bondad, la esperanza, la paz y la sabiduría de Dios. Cuando vivimos en la fidelidad de Dios, todas las relaciones de nuestras vidas estarán cubiertas por su fidelidad. Necesitamos ser intencionados en enseñar a otros la verdad de Dios para que puedan vivir al máximo nivel espiritual en sus vidas. El discipulado es más que una clase. Es un aprendizaje constante, un estilo de vida, un continuo crecimiento que produce en nosotros un anhelo de vivir en la fidelidad de Cristo. No quiere decir que modelaremos a otros la perfección, sino que modelaremos la dependencia de Dios para ser fieles. Modelaremos que, si en algún momento caemos, Dios es fiel para levantarnos y afirmar nuestros pies, como bien escribió David: *"Sustenta mis pasos en tus caminos, para que mis pies no resbalen" (Salmo 17:5)*. Pablo también escribió:

> *Hermanos, yo mismo no pretendo haberlo ya alcanzado; pero una cosa hago: olvidando ciertamente lo que queda atrás, y extendiéndome a lo que está delante.*
>
> ***Filipenses 3:13***

Estas palabras de Pablo nos muestran la realidad genuina sobre el proceso de vida en Cristo. No pretendemos haberlo alcanzado, pero sí estamos enfocados en olvidar lo que queda atrás y extendernos a lo que está delante. Si estás leyendo esto, y probablemente piensas que hubiera sido tan diferente si te hubieras expuesto a estas verdades antes, quiero que sepas que nunca es tarde para vivir en fidelidad. Solamente debes detenerte delante de Dios, arrepentirte y extenderte hacia lo que está delate de tu vida en Cristo. Ser fiel es posible en Cristo pues *"todo lo [podemos] en Cristo que [nos] fortalece" (Filipenses 4:13).*

Es necesario concentrarnos en seguir firmes en el llamado de Dios hacia la fidelidad, olvidando lo que queda atrás: la culpa, la vergüenza, los errores, el rencor, las heridas y la infidelidad del pasado. Debes enfocarte en extenderte hacia lo que está adelante y vivir con la expectativa de ver a Dios obrando en todo. Es tiempo de creer que, con la visión correcta de la fidelidad, puedes vivir con un corazón fiel conforme al de Dios.

A los casados y a los que tienen el deseo de casarse, Dios nos exhorta a vivir en fidelidad. En Malaquías, Dios te exhorta a guardar el corazón y permanecer fiel a tu esposa pues implica una unión espiritual que debes afirmar en tu corazón.

> *¿No te hizo uno el Señor con tu esposa? En cuerpo y espíritu ustedes son de él. ¿Y qué es lo que él quiere? De esa unión quiere hijos que vivan para Dios. Por eso, guarda tu corazón y permanece fiel a la esposa de tu juventud.*
> ***Malaquías 2:15,*** *NTV*

En los deportes, es muy común escuchar que determinado jugador tiene "corazón" u obtuvo la fuerza de su "corazón" en medio de la competencia y cuando más se necesitaba. Incluso cuando su equipo pierde la competencia, se puede reconocer que determinado jugador compitió con todo el corazón. Nos emociona cuando, en el momento clave, el jugador que menos pensábamos compite con todo su corazón y vence en un escenario que estadísticamente se veía imposible. En el año 2011, cuando los Dallas Mavericks de la NBA consiguieron su único campeonato (hasta la fecha), en Puerto Rico celebramos el logro del jugador puertorriqueño José Juan Barea, un jugador con una fisionomía muy por debajo del promedio de altura en la NBA. Barea mostró su corazón de guerrero con determinación y valentía en medio de gigantes. Una de las jugadas más emblemáticas de este campeonato fue contra el equipo de Los Ángeles Lakers. Barea recibió una falta muy fuerte que lo envió directo al suelo, un golpe impresionante del hombre más alto del equipo contrario, llamado Bynum, con una estatura de 2,13 metros contra menos de 1,80 de Barea. El desespero, la molestia y la impotencia de no poder detener a Barea, que con su gran corazón estaba haciendo las mejores jugadas y anotando canastos de forma constante, lo llevó a darle tremendo empujón por la frustración. Luego de esa jugada, el juego se definió. El corazón de Barea con su determinación logró mucho más que el desenfoque de Bynum y de los Lakers. Seguramente muchos conocedores de la NBA me dirán que también le ganaron la serie final al equipo de Miami Heat. Definitivamente, nadie pensaba que Dallas pudiera ganarle al equipo de Miami que tenía las estrellas LeBron James, Chris Bosh y Dwyane Wade. Pero apareció nuevamente Barea con su corazón "que no le cabía en el pecho", enfocado en la victoria, y con esa fuerza interna derrumbó todas las proyecciones y vencieron a los favoritos. La isla celebró este campeonato como si fuera suyo pues entre los campeones estaba un hijo predilecto con un corazón gigante. Aun los que dudaban que sería posible la victoria quedaron convencidos de que definitivamente Barea era digno de admirar.

Piense por un momento en todos los obstáculos para competir en el baloncesto. Piense en todos los escalones por las diversas etapas hasta llegar a la NBA. Llegar a la mejor liga del mundo es un triunfo en sí mismo. Ahora piense en la posibilidad de sobresalir y además ganar un campeonato. Hay jugadores que están en el salón de la fama de la NBA y nunca ganaron un campeonato, entre ellos Charles Barkley, Patrick Ewing y Shawn Kemp. Analicemos por un momento las implicaciones espirituales de este ejemplo deportivo. Barea fue fiel a su entrenamiento de años, a su disciplina desde las ligas menores de baloncesto, a seguir las instrucciones de su dirigente, al trabajo en equipo y a creer que podía lograrlo. Necesitamos creer que Dios nos ha dado su naturaleza divina por medio de Cristo para vivir en fidelidad. Tenemos que accionar la disposición para amar como Cristo y tener comunión con Dios como Cristo, dispuestos a prometer fidelidad y a tener las disciplinas espirituales para que cuando nos enfrentemos a los momentos clave donde se requiere que saquemos fuerzas de debilidad, podamos hacerlo porque estamos listos para enfrentar cualquier circunstancia.

¿No se dan cuenta de que en una carrera todos corren, pero solo una persona se lleva el premio? ¡Así que corran para ganar! Todos los atletas se entrenan con disciplina. Lo hacen para ganar un premio que se desvanecerá, pero nosotros lo hacemos por un premio eterno. Por eso yo corro cada paso con propósito. No solo doy golpes al aire. Disciplino mi cuerpo como lo hace un atleta, lo entreno para que haga lo que debe hacer. De lo contrario, temo que, después de predicarles a otros, yo mismo quede descalificado.

***1 Corintios 9:24-27,** NTV.*

Competimos por un premio eterno y no damos golpes al aire, sino que disciplinamos nuestras vidas espirituales para honrar a Dios en todo. Así como en los deportes, la disciplina y el enfoque se cruzan con la oportunidad para producir la victoria; en la vida espiritual, la gracia de Dios y la disposición de nuestros corazones se cruzan con el escenario complejo de la vida real para obtener la victoria por medio de la fidelidad de Dios. Cuando experimentamos esa victoria, nuestro carácter es transformado en un carácter de fidelidad. Vemos al Dios fiel obrando en nuestras vidas y podemos imitarlo para convertirnos en hijos fieles, en hombres idóneos que pueden enseñar a otros para que también sean fieles. Nos convertimos en un equipo de amigos donde cada uno tiene como emblema de vida serle fiel a Dios, serle fiel a su esposa, serle fiel a su familia, serle fiel a sus amigos y expresar la fidelidad de Dios en todo lo que hace.

Alcanzar como hombres la fidelidad es el diseño original de Dios; por eso toda persona en lo más profundo de su corazón anhela la fidelidad. Dios nos diseñó para amar con fidelidad e intensidad; cuando nos alineemos a ese diseño por la gracia de Dios, nos sorprenderemos de cómo, a pesar de nosotros, Dios nos dirige hacia vivir en fidelidad. Cristo, el perdonador de pecados, nos muestra un nuevo camino para nuestra imposibilidad de ser fieles; por medio de su perdón, tenemos libertad para experimentar la fidelidad y accionarla en todas nuestras relaciones. Pablo escribió:

Pero por la gracia de Dios soy lo que soy; y su gracia no ha sido en vano para conmigo, antes he trabajado más que todos ellos; pero no yo, sino la gracia de Dios conmigo.

1 Corintios 15:10

Esto nos brinda la esperanza de que la gracia de Dios no es en vano y, por su gracia, somos lo que somos y que podemos accionar la fidelidad en nuestras vidas aun en las circunstancias que antes habíamos fallado. Soy fiel porque Dios ha sido fiel siempre. Puedo vivir en fidelidad porque por la gracia de Dios soy lo que soy. Descansa en su gracia y en su poder; podrás ser fiel nuevamente. Si te desviaste, si te desenfocaste en el pasado, levántante en el nombre de Jesús. Dios es experto en cambiar vergüenzas en testimonios. Lo que antes te hacía bajar tu cabeza hoy será motivo de gozo y edificación para otros.

Te exhorto a vivir al máximo de la fidelidad de Dios, a vivir el sueño de Dios para tu vida, y verás restauración en todas tus relaciones. Verás cómo Dios impulsará tu vida para que puedas ser de bendición a otros. Muchas veces he escuchado a personas decir: "Déjame ordenar todo en mi vida para entonces buscar a Dios", pero es tiempo de pensar de manera diferente: busca a Dios primero, y él te ayudará a ordenar todo en tu vida. El libro del Apocalipsis nos dice las siguientes palabras:

> *Entonces vi el cielo abierto, y había allí un caballo blanco. Su jinete se llamaba Fiel y Verdadero, porque juzga con rectitud y hace una guerra justa.*
> ***Apocalipsis 19:11,** NTV*

Cristo es el jinete fiel y verdadero. Mis hermanos, el que juzga con rectitud es Cristo. Para aquellos que viven en fidelidad por medio de Cristo, su tribunal no representa un día de miedo, sino un día de redención, un día de victoria y de gozo eterno. El evangelio es buena noticia de salvación para los que creen. Es buena noticia para vivir en fidelidad y es el cielo abierto para los hijos fieles de Dios. Te invito a que confieses a Cristo cada día como tu Señor y Salvador para que puedas vivir en fidelidad.

REFLEXIONA:

1. Se me hace difícil estar dispuesto a ____________________.

2. Estoy dispuesto a prometer que ____________________.

3. Quiero ser fiel en ____________________.

Si la lectura de este libro ha sido de bendición para tu vida, por favor, me gustaría que nos escribieras a **www.HombresDiscipulados.com**

¡Un abrazo y bendiciones!

Pastor Nando Steidel

ACERCA DEL AUTOR

El **Pastor/Doctor Nando Steidel** es pastor en la Iglesia Catacumba # 9 de Cayey, Puerto Rico. Junto con su esposa y fiel compañera de aventuras por más de 25 años, Jessica Coreano, son los padres de tres jóvenes adultos extraordinarios: Joshua Misael, Caleb Daniel y Jeriel David. El Pastor Nando es Catedrático en la Universidad de Puerto Rico y posee un bachillerato en Ciencias Naturales, un doctorado en Educación Científica, una Maestría en Currículo en Biología y una Maestría en Teología de SBTS Billy Graham School. También participa en el programa En Ruta con su sección Consejo Pastoral en Nueva Vida FM y es presidente de la junta de directores de las Iglesias Catacumbas de Puerto Rico. Su mayor anhelo es vivir la Palabra de Dios y dar por gracia lo que por gracia ha recibido.

Sígueme en: /HombresDiscipulados @NandoSteidel

@NandoSteidel

REFERENCIAS

PROPÓSITO DEL LIBRO

1. *Diccionario de la lengua española*, s.v. "sobrevivir (*v.t.*)," accesado el 10 de junio del 2024, https://dle.rae.es/sobrevivir?m=form.

PRINCIPIO 1: *AUTENTICIDAD*
EL HOMBRE AUTÉNTICO

1. *Diccionario de la lengua española*, s.v. "auténtico (*adj.*)," accesado el 8 de junio del 2024, https://dle.rae.es/auténtico?m=form.
2. *Diccionario de la lengua española*, s.v. "apariencia (*sust.*)," accesado el 8 de junio del 2024, https://dle.rae.es/apariencia?m=form.

PRINCIPIO 4: *EQUIPO DE AMIGOS*
LOS BINOCULARES

1. NBA.com Staff, "Legends profile: Michael Jordan", NBA, actualizado el 14 de septiembre del 2021, https://www.nba.com/news/history-nba-legend-michael-jordan.
2. David López Palomo, "El *Dream Team* 20 años después, visto por jugadores, técnicos y periodistas," *GQ*, 10 de julio del 2012, https://www.revistagq.com/noticias/deporte/articulos/el-dream-team-20-anos-despues-visto-por-jugadores-tecnicos-y-periodistas/16940.
3. John C. Maxwell, *El lado positivo del fracaso*, trad. Eugenio Orellana (Miami: Editorial Caribe, 2000).

PRINCIPIO 5: COMUNIÓN MATRIMONIAL LA CANTIMPLORA DE AGUA

1. Paulo Freire, *Pedagogía de la esperanza* (Madrid: Siglo XXI, 1993).

PRINCIPIO 6: PATERNIDAD LAS SOGAS

1. Floyd McClung, *El corazón paternal de Dios: Experimente la profundidad de su amor* (Estados Unidos: YWAM, 2008).
2. "Powerful Inspirational true story...Never give up!" [Historia verdadera inspiradora y poderosa... ¡nunca te des por vencido!], Connie Lynne, 16 de septiembre del 2010, video de YouTube, https://www.youtube.com/watch?v=kZlXWp6vFdE.

PRINCIPIO 7: PUREZA LOS GUANTES

1. Shane Bacon & Jay Busbee, "The complete Tiger Woods timeline, from Escalade to divorce" [La cronología completa de Tiger Woods, de Escalade al divorcio], Yahoo!Sports, 23 de agosto del 2010, https://sports.yahoo.com/blogs/golf-shane-bacon-jay-busbee/complete-tiger-woods-timeline-escalade-divorce--golf.html.
2. Joshua Harris, *Ni aún se nombre* (Miami: Unilit, 2004).
3. J. F. Colón, "Experiencias sexuales de varones adultos expuestos a material inapropiado sexualmente explícito durante su adolescencia" (disertación doctoral no publicada, Universidad de Puerto Rico, 2011).

PRINCIPIO 8: *CÓMO ENFRENTAR LA CRISIS*
LA CASETA DE ACAMPAR

1. Jaime Benítez, *La reforma universitaria: Discurso pronunciado el día 15 de febrero de 1943 por el señor rector de la universidad* (Puerto Rico: Universidad de Puerto Rico, 1943), 14–15.

PRINCIPIO 9: *SÉ DISCÍPULO*
EL ALIMENTO PARA LA SUPERVIVENCIA

1. "Olajuwon thrilled by LeBron's breakthrough" [Olajuwon encantando con la victoria de LeBron], Fox Sports, 22 de junio del 2012, https://www.foxsports.com/stories/other/olajuwon-thrilled-by-lebrons-breakthrough.

PRINCIPIO 10: *HÉROE*
LA LINTERNA

1. James Strong, *Diccionario Strong de palabras griegas del Nuevo Testamento* (Miami: Editorial Caribe, 2002).
2. Mike Yorkey, *Linspirado* (Miami: Editorial Vida, 2012).
3. Martin Luther King Jr., "Yo tengo un sueño," discurso pronunciado el 23 de agosto de 1963, Washington, D.C.
4. "Más allá del béisbol: La vida de Roberto Clemente," Smithsonian Institution, accesado el 12 de septiembre del 2012, http://robertoclemente.si.edu/spanish/virtual_legacy.htm.